사이드잡으로
월급만큼 돈 버는 법

사이드잡으로 월급만큼
돈 버는 법

초판 1쇄 발행 2020년 9월 19일

지은이 윤소영
편집인 옥기종
발행인 송현옥
펴낸곳 도서출판 더블:엔
출판등록 2011년 3월 16일 제2011-000014호

주소 서울시 강서구 마곡서1로 132, 301-901
전화 070_4306_9802 **팩스** 0505_137_7474
이메일 double_en@naver.com

ISBN 978-89-98294-89-2 (03320) 종이책
ISBN 978-89-98294-90-8 (05320) 전자책

슬기로운 N잡러의 퇴근 이후의 라이프

사이드잡으로
월급만큼
돈 버는 법

윤소영(해피스완) 지음

잠자는 동안에도 돈이 들어오는
5개의 파이프라인 이야기

더블:엔

프 . 롤 . 로 . 그

평범한 나사의 현실적인
파이프라인 구축기

저는 이 세상에서 가장 평범한 직장인 A입니다.

수능 점수에 맞춰 단 하나의 원서로 지방 대학교에 갔고, 첫 번째로 연락 온 회사로 출근을 했습니다.

그렇게 20년 가까이 매월 21일 입금되는 월급이라는 달콤한 마약에 취해 살았습니다.

재직 기간 내내 경기가 좋았던 적이 없고, 사양 산업에 근무하는 직원이었습니다. 작은 회사로 이직한 후 월급을 못 받아 강제 퇴사를 당하게 될 수도 있다는 불안감이 엄

습했던 2019년. 퇴사는 두렵지 않았지만 이로 인해 연장되지 못할 마이너스 통장은 공포의 대상이었습니다. 일시 상환할 돈이 우리 가족에겐 없었으니까요. 미칠 것 같아 사무실에서 뛰쳐나오고 싶었던 어느 날도 제가 책상을 떠나지 않을 수 있었던 힘은 마이너스 통장이었습니다.

이직을 한다고 지금의 상황이 달라질 수 있을까요? 창업은 아무나 할 수 있을까요?

최소한 저에게는 둘 다 아니었습니다. 이직을 해도 회사마다 다양한 문제가 있을 테지요. 창업은 기본적인 자금을 밑바탕에 깔아두고 시작해야 하기에 위험부담이 훨씬 컸습니다. 시도해볼 엄두조차 낼 수 없었죠.

이 책은 빚 없이 퇴사를 하고 싶었던 직장인 A의 다양한 뻘짓 기록입니다. 당장 내 수입의 대부분을 차지하는 본업을 버리기 보다는 나의 작은 경험을 파는 사이드잡을 권합니다.

1년 전 제가 했던 고민을 현재 하고 계신 분들께 조금이라도 도움이 되고자 하는 마음에 책을 썼습니다. 여러분들께서 쉽게 시작하실 수 있도록 제가 직·간접적으로 경험했던 노하우들을 정리했습니다. 불안한 직장인들이 막막한 현실의 돌파구를 찾을 수 있도록 실질적인 도움을 주고 싶다는 제 진심을 담은 기록입니다.

요즘 불안한 고용시장 탓인지 사이드잡, 파이프라인, 월급 이외의 수입 만들기가 대유행입니다.

자기소개도 제대로 못하고, 정말 하고 싶은 게 무언지도 모르고 지내던 '평범한 나사.' 그게 바로 저였습니다. 그랬던 제가 1년 만에 지긋지긋하던 마이너스 통장을 다 갚은 걸 보면 사이드잡은 어느 누구라도 시도할 수 있는 것이 분명합니다.

회사가 날 버리기 전에 내가 당당하게 나오고 싶어서 악착같이 덜 쓰고, 더 버는 시간들을 지나왔습니다. 아이러니하게도 오히려 지금은 회사를 즐겁게 다닐 자신감까지 얻었습니다.

지나고 보니 '시작'이 제일 어려웠습니다. 보잘 것 없었던 첫 발자국의 순간을 기억합니다. 그 초라한 시작 이후 작은 성과들이 하나둘씩 모이니 이제는 꽤 그럴듯한 결과물이 되었습니다. 또 사이드잡을 아예 안 하는 사람은 있어도 하나만 하는 사람은 없다는 것도 알게 되었습니다. 그만큼 사이드잡의 세계가 매력적이라는 것이겠지요?

당신의 떨리는 시작을 응원합니다. 당신의 작은 성과를 기원합니다!

저의 이야기가 재미있는 책이 될 것이라며 옆구리를 찔러주신 인연들, 지난 시간을 곱씹는 과정에서 떠오른 분들, 감사합니다. 또 책의 완성도를 위해 자신의 이야기를 들려주신 분들, 마무리를 함께 해주신 김리하 작가님께 감사드립니다.

마지막으로, 제가 직장과 사이드잡을 병행할 수 있도록 배려해준 가족들과 나의 아들 김용후에게 사랑한다는 말을 전하고 싶습니다.

contents

관리 사이드잡러에게 필요한 몇 가지

"잠자는 동안에도 돈이 들어오는 방법을

찾아내지 못하면

죽을 때까지 일을 해야만 할 것이다."

– 워렌 버핏

현실

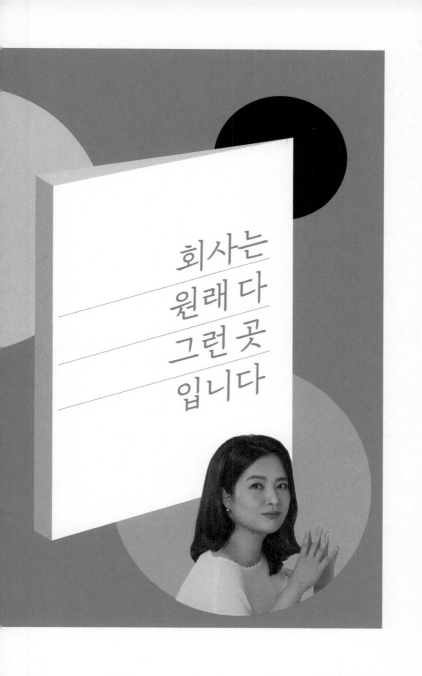

회사는
원래 다
그런 곳
입니다

저는 지금이 너무 만족스럽습니다만…

"윤소영 대리는 특별히 가고 싶은 부서가 있어?"

"회사나 나에게 바라는 점이 있으면 이야기해줘."

어색한 침묵이 흐른다. 내가 어떤 말을 해도 결국 조직이 원하는 방향으로 배치할 거면서 왜 이런 질문이 평가 면담의 단골 질문인지 모르겠다. 무엇보다 나는 이런 질문을 듣는 게 거북하다. 다른 부서에 가고 싶냐고? 합의 없이 다른 본부로 가고 싶다고 나대는 것은 조직에 대한 배신과 같은 행동이라는 걸 누가 모르겠는가. 그런데 이런 질문을 왜 하는 거지? 내 충성심을 테스트 해보는 건가?

전배(다른 본부로 이동) 시키려고 사전에 떠보는 건가?

"저는 지금 부서가 좋아요. 지금 하는 업무가 지금 저의 적성에 맞아요. 아시잖아요. 어떤 일이 주어지든지 저는 잘하고 있고 성과는~ 블라블라~."

조직장과의 면담이 즐거운 사람은 없을 거다. 나는 업무 성과에 대한 부분을 어필하는 건 자신이 있었다. 당시 웹기획자였던 나는 근면성실했을 뿐만 아니라 일 욕심이 많아 여러 온라인 서비스를 만들었고 조직의 다양한 일 뒤치다꺼리를 했다. 그리고 결과도 나쁘지 않았다.

'주어진 현재'에 최선을 다하던 나는 앞으로 하고 싶은 일이나 회사 측의 개선 방향 등을 나서서 이야기하지 못했다. 혼자만 보는 일기장에 적는다면 또 모를까 그 사실을 누군가의 면전에 대고 말한다는 것은 나에게 무척이나 어려운 일이었다. 물론 무조건 다 좋다고만 하면 너무 생각 없는 사람처럼 보이니 내가 지금 만족하는 이유나 상대방이 기분 나쁘지 않을 만큼의 아쉬움에 대해 가볍게 말하며 마무리했다.

하고 싶은 것이 분명한 동기들, 그래서 자신의 길을 찾아 이직을 하거나 새로운 공부를 시작하는 동기들이 부러웠다. 어떤 자신감이 있기에 안정적인 회사를 두고 나이 서른에 의사가 되고 싶어 의학 전문 대학원에 도전하는지, 도대체 연봉을 얼마나 올려주기에 이제 막 태동하기 시작하는 회사로 이직을 할 수 있는지 신기했다. 한편으로는 자기주장이 너무 분명했기에 조직장과 트러블이 생기는 선배들을 보면서 '모난 돌이 정 맞는다'라는 속담을 떠올리며 이렇게 가늘고 길게 영위하는 조직 생활도 나쁘지 않은 거라고 마음을 다잡았다.

조직은 내가 하고 싶은 말이나 행동을 참고 지내는 곳이라는 것이 내가 가지고 있던 믿음이었다. 업무 과정에서 벌어지는 아쉬움이나 서러움도 기꺼이 견뎌내야 했다. 마음은 콩밭에 있을지라도 책상을 지키고 앉아 있기에 회사는 나에게 그에 상응하는 급여를 매달 지급하는 것이라 여겼다. 못 참을 것 같은 속상함이 몸서리치는 날엔 동료들과 이어지는 술자리에서 털어버리려 애썼다. 선배들은 회사는 원래 그런 곳이니 참으라고, 참으면 된다고 이야기해주었다.

당시 내가 다니던 회사는 이름만 대면 대부분의 사람들이 아는 회사였고, 부모님은 그 사실을 자랑스러워하셨다. 대기업의 계열사였지만 정확하게 이해를 시키고자 한다면 부연 설명이 필요했다. 하지만 실제로 같은 공간에서 근무했고 그 브랜드의 온라인 서비스를 하고 있었으니 같은 회사로 간주되고 있었다. 20대 중반부터 꾸준히 회사를 다녔고 워킹맘으로 살아가는 나를 보며 부모님은 그렇게 뿌듯해하셨다.

　　나는 평범한 수능 점수를 받았고, 점수에 맞추어 별 고민 없이 평범한 4년제 대학을 졸업했다. 언론사의 기자가 되고 싶었는데 언론 고시를 준비하지는 않았다. 어학연수를 가고 싶었는데 사느라 힘든 엄마에게 미안해서 가고 싶다고 말하지 못했다. 자식을 무조건 믿어주었던 부모님 덕에 어떤 고민 없이 물 흐르듯 자연스러운 (가장 무리가 되지 않는) 결정을 스스로 내렸다. 당시 사회적 트렌드로 온라인이 부각되고 있었는데 대학에서 온라인 저널리즘에 대해 공부했고 관련된 내용으로 석사까지 진행중이었던 나는 큰 무리 없이 취업을 할 수 있었다.

시간이 많이 지난 지금, 아쉬움은 남는다. 내가 재수를 했으면 어땠을까, 언론 고시를 보겠다고 졸업 후 1년을 투자했으면 어땠을까, 휴학을 하고 캐나다 어학연수를 다녀왔으면 영어 울렁증이 사라졌을까… 직장 생활을 하면서도 내심 이런 생각을 자주 했다. 하지만 사람들이 이름만 들어도 알아주는 회사에서 인정받으며 조직 생활을 해내고 있다고 믿었기에 그저 나에게 할당된 일들을 처리하며 살아왔다.

나의 최대의 자랑은 근면성실!

화난 팀장이 나의 스토리보드(홈페이지를 만들기 위한 화면 기획서)를 던지며 다시 하라고 다그치면 재작업을 위해 꾸역꾸역 야근을 했다. 갑자기 자료를 찾아 제안서를 쓰라고 하면 제안서를 써냈다. 아무리 늦게까지 일을 해도 다음날 일찍 출근했고, 특별한 불만도 없었다. 나는 근면성실한 직원이니까. 팀장이나 주변 동료들이 나에게 일을 잘한다고, 참 빠르게 한다고 칭찬을 해주니까. 그 말만을 믿었다. 묵묵히 일하는 나의 성실함을 조직이 다 알아줄 거라 믿으며 인내했다.

나의 팀장님이, 본부장님이 그랬듯이 이렇게 주어진 일을 하면 막연하게 '언젠가는 나도 한자리를 할 수 있지 않을까' 하는 기대도 했다. 물론 해결되지 않는 마음의 응어리 같은 것이 있었다. 나는 명문대를 졸업한 것도 아니었고 해외 파트너와의 협업이 늘어나는데 영어를 능수능란하게 하지도 못했다. 나의 부족함은 영원히 풀리지 않는 숙제 같았다. 이런 이유로 왠지 모르게 내가 직장 내 에이스는 아닌 것 같은 느낌이 들긴 했지만 괜찮다!

난 근면성실하니까 결국 모두가 다 알아줄 거라고 철석같이 믿었다.

그때는 몰랐다. 매월 21일 입금되는 월급이 나의 주체적 행동을 방해하는 족쇄며 마약이라는 사실을 말이다. 일 잘한다고 치켜세워주던 누군가의 인정과 칭찬만이 전부였을 뿐이다. 나를 지켜주리라 믿었던 나에 대한 평가가 직장 생활의 모든 것은 아니었다. 나는 착각 속에 빠져 지냈다.

그동안의 나는 커리어를 쌓은 게 아니라 회사에 출근만 했던 건 아니었을까 하는 생각이 들곤 한다. 그렇게 25살에 시작한 나의 직장 생활은 출산휴가, 육아휴직 15개월을 제외하고 지금까지 이어지고 있다.

다른 사람과 비교된 나의 평가를 보다

두근두근…

비밀 서류의 방에 들어선 이 느낌. 내 안의 두 마음이 싸우고 있다. 이걸 볼까 말까. 나는 이걸 볼 수 있는 권한이 있어! 결국은 호기심이 이겨버렸다. 판도라의 상자를 멋지게 오픈했다. 아이를 임신하고 조직 이동 후 근무하게 된 인사팀. 같은 조직에 오래 근무하기도 했고 경영지원 업무를 배워보면 어떻겠냐는 추천에 따라 인사팀에서 근무를 하게 되었다. 이곳에서의 경험은 내가 조직에 대해 8년간 조건 없이 따르던 '신뢰'를 일순간 깨버리는 계기가 되었다. 모든 직원들의 인사 파일과 연봉 계약서가 있던 비밀의 방에서 나는 '객관적인 나'를 봐버렸다.

잘못된 믿음1 : 나는 일을 잘한다

나는 역시나 평범했다. 당시 평가 레벨은 Super-Ace-Middle-Poor로 구성되어 있었는데 나는 항상 M+ 중간이었다. 그럼에도 불만은 없었다. 누락 없이 승진은 되고 있었고 어차피 S급 인재가 아니라는 걸 스스로도 인지하고 있었기 때문이다.

새롭게 알게 된 사실은 동일한 M 등급 안에도 1등에서 꼴등까지 서열이 존재한다는 것이었다. 이 모든 것은 평가서에 기록되어 있었다. 그냥 평범한 등급을 받았다는 안도감과 평범 안에서도 등수가 있다는 건 좀 다른 느낌의 이야기였다.

또 누군가가 최상위 Super 등급을 받기 위해선 다른 누군가의 연봉이 동결되거나 오히려 마이너스 되는 Poor 등급일 필요가 있다는 것. 현실은 냉혹했다. 그나마 다행인 것은 나는 Poor를 받는 사람은 아니라는 사실이었다. 나는 평균 정도의 혹은 평균보다 조금 높은 수준의 그냥 그렇고 그런 '조직의 일개 나사'였다. 내가 갑자기 사라진다 해도 나를 대체할 누군가가 일주일 정도 숙지하면 될 정도의 그런 업무와 스펙을 가진, 딱 그만큼의 사람일 뿐이었다.

잘못된 믿음 2: 뒤에서 묵묵히 고생하면 회사가 알아준다

나는 온라인 서비스를 기획하고 운영하는 부서에서 근무했다. 그랬기에 인사팀 사람들보다는 상대적으로 속속들이 실무자들을 아는 편이었다. 누가 일을 실제로 잘하고, 누가 입으로만 일을 하는지 말이다.

입으로 일을 하는 사람들이 대부분 상위 등급이었다. 알게 모르게 다른 일을 한다는 둥, 다른 회사를 알아본다는 둥 소문도 많았는데 이런 사실을 인사팀에서는 알기나 하는 것일까? 언제 떠날지 모르는 사람에게 왜 높은 등급을 주는 걸까? 회의 시간마다 현실성 없는 무언가를 제시

하고 외부 연사가 올 때마다 손들고 질문을 했어야 일을 잘하는 사원인 건가? 내가 점수를 못 받은 것보다 성실했던 사람들의 등급이 생각보다 낮은 게 속상하기만 했다.

잘못된 믿음 3: 선배는 후배보다 연봉이 높다

그 조직은 선배가 후배를 챙기는 문화가 있는 곳이었다. 후배의 밥과 술은 선배님들이 다 책임져주는 문화. 이는 선배가 후배보다 처우가 좋을 것이라는 대전제가 있었기에 가능했다. 그러나 큰 오해였다. 이곳이 첫 직장인 우리들은 어차피 다 비슷한 수준이었다. 혹은 후배가 선배보다 조금 더 받는 경우도 있었다. 문제는 경력은 짧지만 경력 입사자로 들어온 후배들이었다. 그들의 연봉은 나보다 월등했음에도 후배라는 이유로 나는 그들에게 밥과 술을 사주고 있었다. 내 피 같은 카드 값이 아깝다는 생각이 들기 시작했다.

이건 내 개인 기준에서 하는 이야기는 아니다. 나 하나의 이야기라면 내가 부족하다고 생각했거나 유별난 팀장을 만나서 억울한 일을 겪었다고 생각했을 거다. 조직의 수년치 평가를 모두 검토했다. 역시나 일정 패턴이 있었다. 직장인들의 근면 성실함을 알아주는 누군가는 회사에 존재하지 않았다.

혼란스러웠다. 무엇이 일을 잘하는 거고 어떤 사람이 인정을 받는 건지 마음속에 물음표만 가득했다. 나는 어떻게 해야 할지, 앞으로 어떻게 살아야 할지 난감했지만 그 고민을 누구와도 나눌 수 없었다. 다른 사람들의 지난 평가와 연봉 내용을 살펴보았다는 이야기를 할 자신이 없었다. 인사팀 직원이 대외비 서류를 본 것이 고민이라며 선배들에게 자문을 구한다는 건 있을 수도 없는 일이라고 생각했다. 당시 섣부르게 나서지 않았던 건 지금 생각해봐도 옳은 판단이었던 것 같다.

나는 그 일을 계기로 달라졌을까? 나는 임신 중이라는 훌륭한 변명을 찾아냈다. 어차피 임신한 사람을 받아줄 마음 넓은 회사는 없다고 생각했고 지난 평가를 따지는 비신사적인 행동을 하고 싶지도 않았다. 나는 출산 후 휴직을 앞두고 있었기에 그냥 잊자고 생각했다. 무엇보다 평온한 회사 생활 자체가 만족스러웠다. 어딘지 모르게 찜찜하고 가끔 생각날 때면 괴로웠지만 나는 그냥 또 그렇게 회사 생활을 하고 있었다.

이 사건을 계기로 나는 다른 사람의 평가나 연봉을 궁금해하지 않는다. 공유하지 않는 것은 물론이고 호기심조차 일지 않는다. 재무 담당자의 실수로 다른 사람의 급여 명세서가 왔음에도 열어보지 않고 지웠다. 그걸 여는 순간 '비교'라는 지옥의 문이 열릴 수도 있다는 걸 경험했기 때문이다. 객관적으로 수치화되어 있는 나를 보는 일만큼 힘든 일은 없다.

애증의 사무실, 그곳만 떠나면 될 줄 알았는데

1층으로 내려가는 엘리베이터 안, 터져나올 것 같은 눈물을 겨우 꾹 참고 있다. 13년을 다닌 조직의 사원증을 반납하고 짐을 챙겨 내려가는 지금이 상상보다 후련하지 않았다. 겨우 13년을 다녔을 뿐인데도 힘겨웠다. 내가 이런데 한평생을 한 직장에 다니고도 몇 개월 월급만을 약속받고 희망퇴직을 했던 사람들은 어떤 기분이었을까? 내가 힘드니 타인의 어려움에 눈길이 가기 시작했다.

"이 자식, 조금만 더 참지 그랬어. 꼭 그렇게 다 와서 포기하더라!"

"잘 됐어요. 그동안 너무 안타까웠어요."

육아휴직을 끝내고 복직한 이후 사업 방향의 변경, 체질 개선을 위한 대규모 조직 개편이 있었다. 같은 팀에서 일하던 사람들끼리의 소속이 달라졌고 그럼에도 계속 같은 공간에서 근무를 하는 사건이 벌어졌다. 누군가는 능력에 따라 나뉜 것이라고 했고 누군가는 맡고 있는 업무에 따라 변경된 것이라고 위로했다. 나에겐 어떤 기준이든 상관없었다. 나는 인정받지 못했고 마음에는 생채기가 났다. 나는 루저였다.

"나 아무래도 부당한 일을 당한 것 같아. 지금 그만두는 게 맞는 것 같은데 당장은 용기가 안 나. 나 조금만 더 생활하다가 도저히 못 견디겠다 느끼는 그때는 그냥 가방만 들고 집에 올 거야. 그 자리에서 그만둔다고 던져버리고 나올 테니까 나중에 당황하지 마."

이렇게 남편에게 선언하고 나는 달라졌다. 조직은 원래 주어진 일을 하는 곳이라는 생각에 변함은 없었지만 내 생각을 말하기 시작했다. 감정을 빼고 최대한 논리적으로 이야기했다. 보이는 모습이 달라지긴 했지만 사실 나는 그대로이다. 비슷한 상황임에도 과거에는 머리로만 생각하고 말았던 것을 입으로 뱉어내게 되었다.

어차피 이 조직에 미련이 없고 언제든 떠날 생각을 했으니 마음을 비우고 그냥 말하기 시작했다. 이런 반항적인 행동이 문제가 되면 그때 시원하게 내지르고 퇴사할 생각이었다. 그러나 인생은 참 희한하다. 서서히 사람들이 내 이야기를 듣고 수긍하기 시작했다. 자기 기준이 분명하고 일도 정말 잘한다고 했다. 벙어리 냉가슴 앓듯 속상해하며 일할 때는 봐주지 않던 사람들이 막살기로(?) 결심하고 내 목소리를 내니 잘한다고 인정해주었다.

이런 조직 개편 후에 광나는 일들을 했고 팀 내에서 평가 1등을 했다. 내 월급만큼 보너스도 받았다. 그리고 그 어렵다는 차장 진급도 한 번에 해냈다. 그런데 예전의 탈락이 콤플렉스처럼 가슴에 남아 있었다. 그렇게 조직 개편을 결정한 사람에게 '당신의 판단이 틀린 것'이라고 이야기하고 싶었다. 그래서 겨우 성공적으로 증명을 한 것 같았는데 왠지 모를 답답함과 부끄러움은 그대로였다.

같이 일해보지 않겠냐는 다른 회사에 근무 중인 선배의 말에 나는 1초의 망설임도 없이 떠나기로 결정했다. 성과가 분명한 매출을 다루는 일을 해보고 싶기도 했고 무엇보다 그곳을 떠날 수 있는 처음이자 마지막 기회라는 생각이 들었다. 조금만 더 버텼다면 무언가 많이 달라졌을 것이라는 걸 안다. 그럼에도 나는 그곳을 떠나기로 했다.

나는 조직 개편의 아이콘인가? 고요한 회사인 것 같아 옮겨왔는데 이직한 회사도 크고 작은 인적 개편을 하고 있었다. 이런 상황에 사람들은 혼란스러워 했지만 나는 무감각했다. 조직 개편에 대한 부분에 있어서는 내 마음이 닳고 닳아 굳은살이 생긴 덕분이었다. 여러 사건들을 거치고 거쳐 지금의 조직에 안착을 했다. 상대적으로 자율적이고 존중 받는 분위기의 작은 회사. 모든 것이 과하게 시스템화 되어 있는 곳에서 근무하던 나는 이런 자율적인 분위기가 처음에는 어색했다.

그러나 작은 조직은 많은 것을 느끼게 해준다. 한때 대기업의 차장님이었는데 다시 대리가 된 마음으로 자잘한 일을 처리해야 했다. 난이도 中下의 일들이 100개쯤 늘어져 있는 것 같은 느낌. 예전 회사에 있을 때도 사양 산업이고 어렵다고는 했지만 회사가 망할 것 같다는 생각을 해본 적은 없었다. 그런데 작은 조직은 달랐다. 내가 아무리 일을 잘하고 성과가 좋아도 '이러다 진짜 망할 수 있겠는데?' 하는 생각을 한 게 한두 번이 아니다.

15년간 회사를 다니고 나서 큰 진리를 깨달았다.

'그 회사만 유별난 것이 아니었어. 모든 회사가 나름의 다양한 힘든 이유를 가지고 있는 거였어.'

마음이 다급해지기 시작했다. 퇴사를 하면 당장 마이너스 통장 연장이 안 될 것이 뻔했다. 남편에게 '돈 좀 달라'고 말하는 상상에 이르자 뭐라도 해야겠다는 절박함이 밀려왔다. 이직은 못할 것 같았다. 다시 이력서를 내고 어색한 자기소개를 하며 나를 뽑아달라고 하고 싶지 않았다. 나의 경험적 느낌으로 그곳은 또 그곳의 색다른 고통이 있을 테니까. 새로운 곳으로 갈 자신도 없었다.

매일 밤 10시까지 야근하고 택시를 타고 퇴근하던 사람에게 시간적 여유가 생긴다는 건 좋은 일만은 아니었다. 회사가 망할 수도 있겠다는 생각에 다다르니 기본적으로 마음의 불안감이 높던 나는 더 불안해지기 시작했다. 그 흔한 취미도 하나 없으니 더욱 잡생각이 많아질 뿐이었다. 무언가를 해야겠다며 퇴사 이후를 위한 다양한 준비를 하기 시작했다. 나의 적성 따위는 상관없었다. 나는 무엇이든 주어지면 다 할 수 있는 사람이라고 주문을 걸었다. 기술을 배우든 자격증 공부를 하든 모든 시도를 다 해보자고 결심했다.

그래서 생존을 위해 퇴근 이후의 라이프를 시작했다. 마이너스 통장을 갚기 위해서라도 퇴사 이후에 해야 할 일을 찾아야 했다.

다양한 뻘짓 레퍼토리

　직장을 다니면서 퇴사 이후를 준비하는 과정은 쉽지 않았다. 근무시간을 정상적으로 마치고 허덕이며 저녁식사를 대충 해결한 뒤 무언가를 배우러 간다는 것 자체가 도전이었다. 중간중간 저녁 회식도 생기고 급하게 보고서를 만들기 위해 야근을 해야 할 때도 있었다. 게다가 나는 귀여운 아이도 있지 않은가! 회사 이후의 시간을 쪼개서 무언가를 배우고 실행하고자 한다면 항상 정신없을 각오를 해야 했다.

　우선 근로자에게 지원하는 국비 교육(국민내일배움카

드)을 알아봤다. 고용노동부가 지원하고, 80% 이상 출석하면 학원비의 상당 부분을 돌려받을 수 있는 좋은 제도가 있었다. 이때 해본 것이 영어회화, 속눈썹 연장술, 제과제빵 수업이었다.

속눈썹 연장술은 첫날 출석한 뒤 나의 길이 아님을 깨달았다. (이미 수강료 이외 재료비로 30만원 사용) 내가 직접 해보니 눈이 시려서 사람들의 속눈썹 한 올 한 올 핀셋으로 잡는 작업을 할 수가 없었다. 그래도 출석은 해야 수강료를 돌려받기 때문에 어쩔 수 없이 참석해 사람들의 눈썹 모델이 되어주었다. 덕분에 그 당시 무료로 속눈썹 연장을 받고 몇 개월 동안 인형 눈으로 회사를 다녔다. '내가 모르던 재능을 발견해서 뷰티샵 사장님이 되어볼까?' '아니면 이 기술로 호주로 유학을 가서 용돈을 벌어볼까?' 상상했던 작은 소망은 이렇게 깨지고 말았다.

제과제빵 자격증은 배워두면 창업을 못해도 아이에게 건강한 빵을 만들어줄 수 있지 않을까 하는 생각으로 등록했다. 제빵 학원은 관련 자격증 취득을 위한 레시피를

외우고 실습하는 과정이기 때문에 대형 오븐과 믹서기가 없는 집에서 그걸 해 먹기는 어려워 보였다. 사실 의지가 있다면 학원을 다니지 않아도 수많은 요리 블로거들이 알려주는 레시피로 빵은 충분히 만들 수 있다.

그 뒤 재무회계 학원, 디자인 편집프로그램, 조리사, 바리스타 자격증 학원에 등록했거나 등록 직전까지 갔지만 주변인들의 강한 만류로 도전하지 못했던 것들이 부지기수다. 주변에 자영업을 하는 지인이 한 명도 없는 나에게 새로운 세상으로 향한 문을 여는 일은 처음부터 쉽지 않았다.

창업을 하는 건 내 길이 아니라 생각했다. 이제 국가 공인 자격증을 하나씩 조사하기 시작했다. 육아휴직 시절 여유롭게 휴직을 즐기는 또래 엄마들을 봤는데, 수의사, 회계사, 법무사 등 아무리 어려운 시절이어도 국가 인증 자격증을 가진 사람들은 여유로워 보였다. 전문가이니 상대적으로 재취업도 쉽고 작게라도 자기 사업을 시작할 수 있었다. 그래서 그들처럼 자격증을 가지고 일하면서도 육아를 병행하고 싶다는 마음이 일었다.

자격증을 선택하는 나의 기준에 대해 고민해보았다. 그 당시 내 나이가 마흔에 가까웠는데 아무리 생각해도 자격증을 취득한다 한들 취업을 할 수 있을 것 같지는 않았다. 그래서 인턴 기간 없이 바로 자격을 취득하고 창업할 수 있는 자격증을 찾았다. 대부분 4년제 관련 전공의 대학 졸업증이 필요하거나 공인 어학 성적의 기본 조건을 요구하고 있었다. 나는 시간이 없었고 자격증을 따는 것보다 토익 800점이 더 어려울 것 같다는 생각이 들었다. 그러다 딱 하나가 눈에 들어왔다. 바로 공인중개사.

왜 몇 만 명의 중년층이 공인중개사 학원을 다니는지 깨달음이 오는 순간이었다.

수험 생활 1년간 고 3 때보다 더 열심히 공부를 했다. 하루에 5시간 이내의 수면 시간을 지켜가며 1년 여를 지내다 보니 나는 점점 예민해졌다. 갈수록 체력도 떨어지고 있었다. 그럼에도 불구하고 '내가 왜 이 공부를 하고 있을까' 하는 생각을 할 틈도, 슬럼프를 느낄 틈도 없었다.

나는 올해 이 자격증을 꼭 따야만 했다. 그래야 퇴사를 하게 되면 부동산 개업은 물론이고 그때 취득한 정보로 투자를 하며 경제적 자유를 누리는 마흔 살이 될 테니까! 기적이 일어났다. 그 해 합격을 한 것이다. 그런데 더욱 큰 기적이 일어났다. 합격했음에도 아무 일도 일어나지 않았다는 것이다. 기적 중의 기적이었다.

　오해는 마시라. 내가 해왔던 뻘짓들도 다 나름의 의미는 있다. 누군가에게는 귀한 것들임에 분명하다. 그저 나에게는 아무 일이 일어나지 않았을 뿐이다. 오히려 이 뻘짓은 나에게 다른 의미의 큰 선물을 주었다. 그것은 바로 '스토리'이다. 나는 평범하게 초중고를 졸업하고 성적에 맞추어 대학에 갔으며 첫 번째 연락 온 회사에 취업을 했고, 특별한 사연도 없이 결혼을 했고 아이를 낳았다. 그리고 조직 개편 발령에 따라 열심히 회사 생활을 했다. 정말 재미가 없는 평범한 직장인 A이다. 그런데 이런 나에게 뻘짓에 투자한 시간과 소비한 돈은 '특별한 스토리'를 만들어주었고 나의 사이드잡의 기반을 마련해주었다.

국민내일배움카드 ~~~~

과거에는 재직자 위주로 지원을 했는데 현재는 연매출 일정 수준 이상의 자영업자나 공무원 등을 제외한 전 계층에게 국가가 일부 금액을 지원해주는 제도다. 이것저것 시도하다 보면 학원비의 경제적 부담이 있기 마련인데 내일배움카드로 도움을 받을 수 있다. 직업훈련포털(http://www.hrd.go.kr/)에 접속하여 국민내일배움카드를 신청하면 된다. 다양한 계층에게 지원하니 지원 대상 여부, 지원 가능 금액 등을 확인해볼 수 있다.

10년 후에도 여전히 존재하는 그들

2020년, 15년 이상 조직 생활을 이어오고 있는 나로 잠깐 돌아와보자. 그 사이 나는 팀장이 되었고 많은 친구들을 내 아래의 팀원으로 두고 있다. 그 친구들을 보면서 왜 그때 팀장들이 나에게 M+를 줄 수밖에 없었는지 나 스스로 답을 찾게 되었다.

딱 과거의 나 같은 팀원들이 많다. 예의 바르고 빈틈없는 일처리로 내게 믿음을 준다. 그들로 인해 편안함도 느낀다. 본인들은 모르겠지만 그들이 가지고 있는 재주도 많아 보인다. 그런데 회사는 현재를 잘 유지해주는 사람들에겐 인색하다. 회사는 높은 실적을 보여주든 새로운 무언가를 제시해주는 사람들을 좋아하기 마련이다. 그 새로운 시도가 비록 실패로 끝날지라도 말이다.

과거 나의 면담 시간과 오버랩된다. 나는 이제 팀장이 되었고 과거의 나와 같은 팀원 B와 면담을 하고 있다.

"○○대리는 하고 싶은 거 있어요? 다른 부서로 이동해서 해보고 싶다거나 아니면 배우고 싶은 거요. 학원이라도 다닐 수 있게 근무 시간을 조정해줄게요."

"없어요. 저는 지금이 좋아요, 팀장님."

돌아오는 대답은 과거의 내가 말하던 것과 같다. 나는 그녀에게 한 발 더 가까이 다가간다.

"나도 나한테 '뭐 하고 싶냐?' 물어보는 거 싫었어요. 사실 지금도 싫어해요. 어차피 반영해주지도 않을 텐데 왜 물어보나 싶죠. 내가 하고 싶거나 좋아하는 것들은 퇴근 후에 알아서 하고 있는데 왜 저러나 싶었어요."

그녀의 눈에도 언젠가의 나처럼 눈물이 고이기 시작한다. 결국 그녀의 볼을 타고 또르륵 눈물이 흘러내린다. 그 눈물은 더 이상 이야기하고 싶지 않다는 메시지였을까? 아니면 본인도 알 수 없는 그 무언가에 대한 답답함이 눈물로 표출된 것이었을까? 그녀의 눈물에 당황한 나는 혹시 나중에라도 말하고 싶어지면 얘기해달라고 했다. 그렇게 면담은 급마무리가 되어버렸다.

"앞으로 어떤 컨셉으로 사업 매출을 만들고 싶나요?"

"지금 업무적인 것 말고 다른 쪽에서 개인적으로 이루고 싶은 것이 있나요?"

지금도 틈만 나면 내가 받는 질문이다. 달라진 게 있다면 주니어 때처럼 지금이 좋다고 얼버무리거나 눈물로 무마할 수 없다는 것이다. 직급이 올라가는 만큼 그럴듯한 전략으로 포장하고 내가 어떤 부분에 이바지할 수 있을지를 이야기해야 한다. 내 딴에는 꽤 크게 그럴듯하게 이야기를 한 것 같은데 물어본 사람 기준에는 차지 않는다는 느낌이 온다. 얘기가 길어지면 서로의 본전이 드러나기 때문에 서로 더 이상 묻지 않는다.

내가 원하는 것이 분명히 존재함을 알려야 한다. 구체화시켜서 이야기해야 한다. 그러나 직장 생활을 그렇게 오래 한 나조차 이런 일련의 과정들은 여전히 쉽지 않다. 몇 번의 이직을 할 때마다, 1년에 두 번씩 평가 면담을 할 때마다 난감한 순간들을 무릅쓰고 내가 하고 싶은 것들을 이야기하며 버텨오고 있다.

20년 전에 어학연수 가고 싶다고 엄마에게 말이라도 해볼 걸 하는 뒤늦은 아쉬움이 있다. 그 아쉬움의 연장선상에는 여러 가지 일들이 꼬리를 물고 떠오른다. 10년 전에 입으로만 일하는 사람들이 높은 평가와 연봉을 받는 이유가 무엇인지 팀장에게 왜 따지지 못했을까? 왜 나는 내가 하고 싶은 것이 무엇인지 구체적으로 알지 못했을까? 혼자 마음속에 담아두고 불편해하지 말고 밖으로 꺼내서 이유를 찾아보고자 했다면 지금의 나는 조금 달라졌을까? 한 번 시작된 질문은 끝을 모르고 이어진다. 그러면서 나는 조금씩 더 나를 알아가고 있다.

이제 내가 원하는 것이 무엇인지, 무엇을 이루고 싶은지, 그러려면 어떠한 과정을 거쳐야 하는지에 대해 이야기해보려고 한다. 조직 안이 아닌 조직 밖에서 나의 능력을 활용하여 무언가를 만들어가는 이야기다. '조직에 헌신하면 헌신짝이 되니 당장 퇴사하자'가 나의 메시지는 아니다. 더 빛나는 회사 생활을 위해, 빛나는 회사원이 되기 위해 좌충우돌하며 겪었던 회사 밖 나의 이야기를 하고 싶다.

1. 내가 원하는 것이 무엇인지를 분명히 알아야 했다.

나는 하고자 하는 바가 명확하지 않았다. 회사에서 높은 평가와 평판을 얻어 이직하고 싶었다면 업무에 도움 되는 스킬을 배우거나 좀 더 성과가 분명한 프로젝트에 지원했어야 했다. 창업을 하고 싶었다면 실질적인 도움을 줄 수 있는 사람을 찾고 조언을 얻은 뒤 사업화할 수 있는 아이템을 찾아야 했다.

회사에서는 새로운 일이 주어져도 조금의 시행착오를 겪으면 익숙해질 수 있다. 하지만 창업이나 사이드잡은 다르다. 내가 스스로 책임져야 하는 부분이 크다. 무엇이든 닥치는 대로 다 할 수 있다는 무한긍정의 마인드가 필요할 때도 있다.

자신이 진짜 원하면서도 할 수 있는 일을 먼저 찾아야 한다. 즉, 나에 대한 탐구가 필수다. 그래야 오래 지속할 수 있다.

2. 즉흥적으로 결정하지 말고, 주변인과의 협의가 필요하다.

회사 생활 이외의 무엇을 한다는 건 시간과 돈이 드는 일이다. 특히 가정이 있는 경우 사전 양해 없이 일을 먼저 저지르면 서로 불만이 생기기 마련이다. 한쪽의 일방적인 희생으로 이어지기도 쉽다. 가족 간 합의까지는 아니어도 사전 양해를 구하는 게 좋다.

일이 모두 잘 되면 좋겠지만 그렇지 못한 경우 시간과 돈을 잃고 우애도 잃는 설상가상의 상황이 생길 수 있기 때문이다.

또, 혼자 해결하려 하기 보다는 주변인에게 의견을 구하고 아이디어를 얻으면 좋다. 특히 내가 잘하는 것들에 대해서는 주변의 가까운 사람들이 잘 파악하고 있다. 그들에게 '나'에 대해 물어보라. '나'에 대한 객관적 판단을 그들에게 맡겨보는 것이다.

3. 금전 투자가 있어야 제대로 배우게 된다.

넉넉하지 않은 월급인지라 무언가를 배울 때 금전적인 부분을 고민했었다. 가급적이면 무료로 배울 수 있다거나 아마추어에게 어깨너머 배우는 일도 많았다. 그러나 어느 정도의 투자가 따라야 몰입도 가능하다는 생각이 든다. 들어간 돈이 아까워서라도 제대로 배우고 실행하려는 의지가 샘솟기 마련이다.

처음부터 마무리까지 어느 정도의 비용이 드는지 체크해봐야 한다. A만 배우면 되는 줄 알았는데 B,C,D를 더 배워야 끝나는 경우도 있고 재료비가 학원비보다 더 많이 들어가는 경우도 있다. 비용을 물어보는 건 부끄러운 일이 아니다. 대략 얼마의 비용이 드는지, 그 투자로 인해 내가 다시 얼마를 벌어들일 수 있는지 회수할 수 있는 시점은 언제일지 꼼꼼하게 계산기를 두드려볼 필요가 있다.

4. 건강이 제일 중요하다.

회사를 다니는 것 자체가 에너지 소모가 큰 일이다. 워킹맘은 가정 일에 육아까지 신경써야 하니 더욱 시간이 없다. 몰입할 당시에는 체력의 고갈을 실감하지 못한다. 나 역시 매일 5시간도 못 자며 몰입할 때는 몰랐다. 내 체력이 바닥났음을 뻘짓 스토리가 끝나고 나서야 알게 되었다. 그래서 나는 아직도 골

골거리고 있는 중이다. 특정 시간의 몰입 후 성과가 나와도 건강을 놓치면 모든 걸 놓치는 거다.
체력, 에너지 관리는 필수!

5. 개인 SNS 채널 운영하기

무언가를 배우고 준비하는 시간은 아름답다. 서툰 초보 시절의 기록들이 나중에 가장 빛나는 콘텐츠로 남을 수도 있다. '저 사람도 저렇게 시작하던 시절이 있었구나, 나도 할 수 있겠는데?' 라는 용기를 주기에도 충분하다.

어떤 SNS 채널이든 상관없다. 나의 기록을 담백하게 남겨두는 건 나중에 단시간에 해결할 수 없는 든든한 콘텐츠가 되어준다. 이 과정에서 나를 지켜봐주고 응원해주는 팬들이 생기기도 한다. 짐작하겠지만 이때 생긴 팬들은 꽤 오랫동안 진정한 관계로 남게 된다.

스토어를 운영하는 20년차 직장인입니다

사이드잡으로
돈 버는 사람들의
이야기
【점핑홈】

　　IT업종에서 일하는 평범한 20년차 직장인이 자, 온라인스토어 2년차 사장이다. 시간 관리를 어떻게 하는지 궁금해하는 사람들을 위해 나의 하루일과를 정리해보면 대략 이렇다.

　　5:30 기상
　　6:30 밤사이 주문 들어온 택배 포장, 송장작업
　　7:30 씻고 출근준비
　　8:00 현관 앞에 포장한 택배 내놓고 출근 (낮시
　　　　 간에 택배기사님이 수거)
　　20:00 퇴근 후 낮시간 주문 들어온 택배 포장
　　22:00 상품 분석, 상품 등록하기

　　아침에 1시간, 저녁에 2시간 정도 쇼핑몰 사장 님으로 살고 있다. 물론 여가 시간을 보내면서도 어떤 아이템이 좋을지 계속 생각하고 틈새시간을 활용해 아이템을 검색하는 등의 활동을 한다.

온라인스토어를 운영한 지 딱 1년이 되었고 직장 생활을 하면서 하루에 몇 시간 정도만 스토어 일을 하기 때문에 매출은 생각보다 크지는 않지만, 사이드잡으로는 제법 만족스러운 벌이라고 생각한다. 만 1년쯤 되고 보니 월 매출 600만 원, 순수익은 세후 200만 원 선이다.

네이버를 통해 스토어를 하겠다고 생각한 이유는 네이버는 누구에게나 친숙한 서비스였고, 쉬운 커머스 플랫폼을 제공하고 있기 때문이다. 네이버의 경우 판매자들을 위한 무료 강의도 많이 해주고 있고, 촬영을 할 수 있는 스튜디오도 빌려주는 등 다양한 지원이 많아 별 고민 없이 선택을 했다.

가장 먼저 나의 관심분야 공부하기!

쇼핑몰을 해야겠다고 결심한 뒤에 스마트스토어 관련 강의와 책을 많이 찾아서 듣고 공부를 했다. 특히 네이버의 파트너스퀘어 D 커머스 교육이 정말 유익했다. 체계적이고 무료라 신청 경쟁이 치열하지만 만족도 높은 교육 중 하나다.

파트너스퀘어에서는 스마트스토어 셀러들을 위한 다양한 온오프라인 강의를 단계별로 제공한다. 스토어 시작부터 상세페이지 제작방법, 효율적인 스토어관리 등 전부 찾아서 들으면서 스토어를 세팅하고 키워 나가는 중이다.

네이버 파트너스퀘어:
https://partners.naver.com/

누군가의 노하우를 가장 빠르게 습득하는 방법은 교육

무언가를 결심했다면 가장 먼저 강의를 들으라고 추천해주고 싶다. 교육은 다른 사람의 노하우를 가장 빠른 방법으로 배울 수 있는 기회라고 생각한다.

그리고 판매방식은 재고 부담 없이 장사할 수 있는 위탁 판매를 추천한다. 위탁 판매방식이란 도매상의 상품을 내 스토어에 등록하고, 내 스토어에 주문이 들어오면 내가 고객의 이름과 주소로 도매상에게 주문을 한다. 그러면 도매상이 직접 배송까지 대신 해주는 방식이다. 도매가에 위탁 수수료가 붙어서 상품가격이 조금 높지만, 처음 시작하는 셀러에게 재고 없이 작게 시작할 수 있는 좋은 방법이다. 다만 여기에서 끝나면 안 된다. 사실 위탁 판매는 수익이 많이 나지 않는다. 그렇지만 이렇게 위탁 판매를 하다 보면 자주 팔리는 상품, 반응이 좋은 상품들을 알게 된다.

이제 직접 사입(도매에서 대량으로 구매)해서 팔며 나의 마진을 늘려가는 방식으로 운영을 하는 거다. 사실 위탁으로 판매를 시작한다면, 하루만에도 쇼핑몰을 뚝딱 오픈할 수 있다.

스토어를 시작하려는 많은 사람들이 대부분 무엇을 팔아야 할까? 하는 고민부터 한다. 이런 고민을 하다 마음이 흐려지고 그냥 포기하는 경우가 많다. 꼭 상품을 확정해서 판매하기 보다는 이렇게 위탁으로 먼저 판매를 하며 쇼핑몰의 기본기를 익힌 후에 나만의 아이템을 찾아보는 방법도 좋다.

더 보고 싶다면 이곳에서 →

탐색

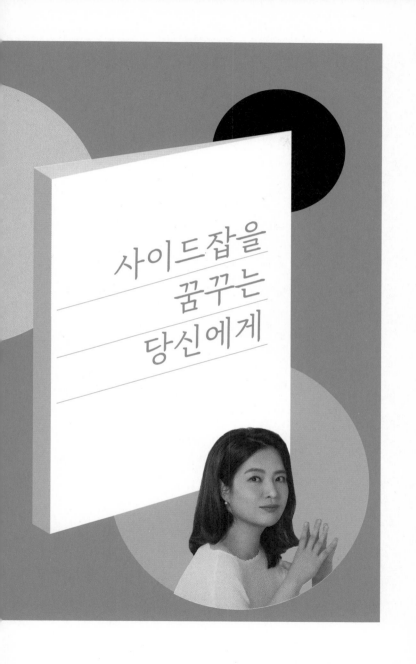

사이드잡을
꿈꾸는
당신에게

버리고 싶던 이력서에서 강점 찾기

　'내가 가진 건 마이너스 통장뿐인데, 부동산 개업하려면 1억이 넘는 돈이 필요하다고?'

　1년 가까운 시간 동안 하루에 5시간도 못자며 준비했던 공인중개사. 그 시험만이 나를 구원해줄 거라 생각하며 참아왔는데 합격 후에도 나는 왜 계속 회사에 다녔을까? 매월 입금되는 월급을 포기하고 無에서 시작하기는 쉽지 않았다. 업무 자체에 부동산이나 투자와 연결되는 부분이 없기도 했고, 내 주변인도 대부분 익명의 회사원이었기 때문에 새로운 사업을 시작하는데 도움되는 생생한 자문을 구할 곳이 없었다.

　내 손으로 새롭게 무언가를 일궈내자고 생각하니 또 한 번의 용기가 필요했다. 회사 내에서 새로운 업무를 시작하는 것과는 다른 차원의 결단이 필요했는데 결국 나는 넘어서지 못했다. 매월 들어오는 월급을 끊어야 했고 새로운 업을 시작하기 위해서는 억 단위의 돈이 필요하다는 것을 합격 이후에 알게 되었다. 당장 활용하지 않을 자격증을 위해 1년이라는 시간을 투자했다는 후회도 조금 했던 것 같다. 하지만 한 번만에 합격하여 끝낼 수 있었던 것을 다행으로 여기기로 했다. 성격상 떨어지면 붙을 때까지 몇 년이고 도전했을 테니까. 그런 의미로 본다면 나의 공인중개사 도전기는 성공적이었다.

　생계형 직장인에게 현재의 일을 접고 새로운 시작을 한다는 것은 모험같은 이야기다. 특히 나같은 전형적인 안정 추구 성향에겐 더욱 있을 수 없는 사건이나 마찬가지다. 어쩌면 모험과 리스크를 감당할 수 있을 만큼의 절박함이 없었으리라. 내가 절박하지 않았다는 것을 아이러니하게도 모든 노력이 끝난 뒤에 알았다.

산 속에 긴 강의 물줄기가 구불구불 흘러 내려가고 있다. 나는 작은 배 위에 누워서 낮이면 햇살을 느끼고 밤이면 아름다운 별을 보며 시간을 즐기고 있다. 그 평화는 언젠가 끝날 것이다. 바깥이 어떤지도 봐야 하고 지도도 확인해야 한다. 그런데 지금 이 순간이 달콤하고 너무 평온하다. 배가 살짝 잘못 가고 있다는 느낌이 들기도 하지만 그건 내 느낌일 뿐. 설령 잘못 가고 있다고 해도 나는 결심만 하면 뱃머리를 돌릴 수 있다고 믿는다.

우리는 모두 각자의 배를 타고 있다. 그런데 이 배를 어느 날 갑자기 90도 돌리는 건 힘들다. 위험하기도 하다. 내가 갑자기 부동산 사무소를 오픈하는 건 평화로운 배를 90도 이상의 각도로 틀어버리는 행위나 마찬가지였다. 물론 내가 확신을 가지고 있다거나 그 모험 자체가 자연스러운 경우에는 다른 해석이 가능하다. 믿을 만한 지인이 부동산을 운영하고 있어서 도움을 받을 수 있었다거나, 혹은 내가 부동산 투자에 능하여 그 세계에 밝았다면, 해볼 만한 모험이었을 것이다. 이렇게 주변 여건이 도와주는 상황인 사람이라면 꼭 도전해보라고 등 떠밀고 싶다.

"저녁 장사 시간에 울리는 '띵동' 소리만 들어도 힘이 나요."

회사에서 맡은 재무운영 업무가 답답하다고 했던 그녀가 퇴사 후 1년 만에 나타나서 한 이야기다. 꽤 큰 회사를 다니던 남편과 동시에 퇴사를 하고 해산물 전문 식당을 창업했다. 뜬금없는 선택이라고 생각했는데 나중에 이야기를 들어보니 충분히 가능한 상황이었다. 그 부부의 지인들 중에는 식당을 운영하는 사람이 많았고, 형제 중에는 해산물을 산지 직송하는 유통업자가 있었다. 식당은 대박 났고 지점을 늘리고 있다고 했다.

이 부부의 해산물 식당 창업 성공기는 굉장히 자연스럽지 않은가? 식당의 띵동 소리는 추가 주문의 알람이기에 들을 때마다 신이 난다고 했다.

10년 넘게 직장을 다니고 있다는 건, 이런 모험의 자연스러움이 없는 사람일 확률이 높다는 뜻이기도 하다. 그렇다면 방향을 자연스럽게 아주 조금만 움직여보면 어떨까. 조금 늦게 가더라도 지금의 뱃놀이를 즐기면서 어느 순간 방향이 달라져 있는 여정을 확인할 수 있을 것이다.

이런 깨달음이 오자 나에게는 아무것도 없이 밑바닥에

서 시작하는 창업 준비는 맞지 않다는 결론이 나왔다. 가정 경제의 일부분을 담당하는 직장인인 나는 무엇보다 마이너스 통장을 상환해야 조금은 편하게 퇴사를 할 수 있을 것 같았다. 그래서 지금의 수입을 유지하면서 추가적인 무언가를 얻을 수 있는 변화가 필요하다는 결론을 내렸다. 또 버릇처럼 새로운 무언가를 찾기 시작했다.

새로운 인생 2막을 꿈꾸었지만 그것이 여의치 않으니 나의 이력서에서 찾아보기로 결심한 것이다. 직장인으로서의 내 삶을 외면만 하던 나는 천천히 나를 들여다보았다. 내가 할 수 있는 일이 무엇일지 내가 하고 있는 일에서부터 찾아내려고 애썼다. 그제서야 비로소 다른 사람과 비교하지 않고 오롯이 나만을 바라볼 수 있었다.

콘텐츠 기획과 흐름을 꽤 그럴듯하게 잡을 수 있다

이직도 했고, 회사 내에서 다양한 업무를 했지만 일의 중심은 콘텐츠였다. 매일 수백 건 이상의 기사가 쏟아지는 미디어사에 근무를 하니 모든 사업은 콘텐츠를 중심으로 일어나고 있었다. 일 때문에 매일 100건이 넘는 기사를 10년 넘게 읽으면 어떻게 될까? 웬만한 기사의 흐름을 잡을 수 있고 어떤 기사를 사람들이 좋아하는지 대략 감이 온다. 나는 끊임없이 읽어왔고 콘텐츠 관련 사업 모델을 만들어왔기에 이런 흐름에 대한 감이 빠른 편이다.

나는 기자가 아니니 콘텐츠업을 할 수 없다고 생각했었다. 기자 보직을 가진 사람들만 콘텐츠를 만들고 다뤄야 한다고 믿었으니 얼마나 바보 같았는지 모른다.

온라인에 능하다

대학원에서 온라인 저널리즘에 대해 연구했고, 이후 온라인을 다루는 부서에서 일했다. 출근하면서부터 퇴근할 때까지 컴퓨터와 핸드폰을 두드리며 작업을 하다 보니 온라인 툴을 능하게 다룰 줄 알았다. 무엇보다 사람들이 가장 궁금해하는 포털 사이트의 상위노출과 같은 로직들은 공부해서가 아니라 감각적으로 알 수 있었다. 지금 이건 내가 사이드잡을 하는데 큰 이점을 제공하고 있다.

과거의 나는 무슨 겉멋이 들었었는지 디지털이 아닌 아날로그적으로 살고 싶었다. 나는 늙어가고 있으니 습득 능력은 떨어질 것이고 젊은 사람들의 빠른 손을 당해낼 수 없다고 생각했다.

나는 마케팅 기획과 제휴, 제작 업무를 담당한다

비즈니스 전체의 흐름을 보면 가장 중요한 것은 홍보, 마케팅임은 틀림없는데 콘텐츠가 주력인 회사에서는 콘텐츠 제작자가 제일 중요한 보직이다. 나 역시 그런 분위기에 세뇌(?) 되어 있었던 것 같다.

과거의 나는 마케팅의 A부터 Z까지 경험해보지 못했기 때문에 마케터로 자립할 수 없다고 생각했다. 실제로 모든 카테고리를 경험한 마케터는 거의 없으리라 예상한다.

지금까지 기입한 3가지의 강점이 어떠한가? 글로 적어두니 꽤 그럴듯하다. 아직도 이런 강점을 내 입으로 말하고 내 손으로 쓰기에는 민망한 구석이 있다. 내 수준을 스스로 알기에 나보다 훨씬 더 잘하는 분야별 누군가가 계속 떠오른다. 혹시 지금 이 글을 타이핑하면서 부끄러워하는 나의 모습이 그려지는가? 혹시 당신은 절대 이런 강점을 가지고 있지 않다고 반박의 자료를 찾고 있는가?

절대 아니다. 사람들은 그냥 이야기하는 대로, 보이는 대로 믿는다.

여전히 나는 약점이 많은 사람이다. 하지만 나는 강점에 집중하기로 했다. 누군가를 사랑하게 되는 건 그 사람의 단점이 적어서 끌리는 게 아니다. 단점이 보임에도 불구하고 매력적인 '무엇' 하나 때문에 그를 사랑하게 되는 것임을 잊지 말자.

목표는 아웃풋 중심으로 설정

"뭐라도 해야 되는데… 그렇게 부지런히 쫓아다니는 널
보니 참 대단하다는 생각이 든다."

"너는 다르다, 다른 사람들 편하게 쉴 때 뭐라도 하고 있
잖아."

여러 가지 시도를 한다는 것을 아는 동료들이 자주 했
던 말이다. 뻘짓도 부지런해야 꾸준히 할 수 있다.

대부분의 직장인들이 사무실에 있을 때는 불안한 미래
를 걱정하지만 술집에 가서는 뒷담화로 해소한다. 그러다
가 새롭게 의지를 불태우며 무언가를 배운다. 회사 밖에

서 무언가를 배운다는 것은 생각보다 많은 에너지가 들어가는 일이다. 시간과 돈이 들어가는 것은 당연하고 경우에 따라 주변 동료들에게 이런 사실을 숨겨야 하니 스트레스가 쌓이기도 한다. 그러니 조금 하다가 지칠 수밖에 없다. 성과도 보이지 않고 그렇다고 떳떳하지도 않으니 업무가 바빠지면 뻘짓을 포기할 최적의 핑계거리가 된다. 조직 내에서 은근 대접 받는 기분이 든다면? 내가 왜 그런 뻘짓을 할 결심을 했는지 까맣게 잊어버리고 원래의 '충실한 나사'로 돌아가버린다.

'너무 바빠.'

'회사 일도 제대로 못 하면서…. 지금은 본업에 집중할 때야.'

'지금도 충분히 행복한데 새삼스럽게 뭘 하겠다고.'

집에는 배우려고 사 두었던 다양한 실용서와 재료들이 쌓여만 가니 이런 짐들을 보면서 갑갑함을 느끼게 된다. 미니멀리스트가 되기로 결심한 어느 날은 재활용장으로 싹 옮겨버린다. 그러면서 한 번 더 푸념을 한다.

"이거 다 얼마야, 어우 내 돈…."

빠른 단념으로 만들어놓은 마음의 평화는 얼마 가지 않아 또 흔들린다. 다시 업무에 여유가 생기고 나보다 10살쯤 많은 선배들이 희망퇴직이라는 이름으로 명예퇴직을 당하는 걸 보면 불안해진다. 아직은 내가 대상이 아니라는 것에 미세한 안도감도 느낀다. 그러면서 한편으로는 다른 안전장치를 해두고 싶다. 현재의 직장보다 훨씬 못한 회사라고 생각하면서도 이직 지원서를 내본다. 그러나 서류전형조차 불합격이 되고 나면 불안은 점점 커진다. 나는 이 조직을 떠날 수 없는 사람인가! 각성이 될 때쯤 또 무언가를 찾아 나서는 스스로를 본다. 이건 악순환이다.

앞으로 어떻게 해야 할지 구체적인 것들이 없으니 그냥 그때그때 즉흥적으로 '인풋'만을 할 뿐이다. '나는 무언가를 배우고 있는 사람' '준비하고 있는 사람'이라고 자위하며 인풋이 주는 안도감에 빠져 있게 된다. 게다가 나의 업무에는 크게 도움이 되지 않고 누가 알아주지 않으니 유지하기가 힘들다. 보는 눈이 없다는 생각에 슬그머니 그만둬버리는 지경에 이른다.

뻘짓을 할 때에는 목적을 분명히 하면 좋겠다.

이걸 통해 이직에 도움을 주기 위함인지, 새로운 걸 배워 제 2 인생의 수입원을 만들 것인지, 이도저도 아니라면 인맥을 쌓기 위함인지 개인 상황과 성향에 따라 분명히 해야 한다. 그래야 스스로 '아웃풋'을 체크하며 지속할 수 있다. 짧은 기간 단위로 나누어 어떤 걸 이뤄낼지 목표를 정해 놓아야만 뻘짓도 지치지 않고 할 수 있다.

아직 명확하게 무엇을 하고자 그려지지 않는다면, 혹 회사의 겸업 금지로 당장 적극적으로 다른 활동을 할 수 없는 사람이라면 여유를 가지고 공부해보길 권한다. 그 공부 주제는 나라는 사람에 대해 알아보는 것이면 좋겠다. 직장인들은 평범한 유년 시절을 거쳐 무탈하게 살아온 사람들이 대부분이다. 그동안 생각해볼 필요가 없었던 '나는 누구인가, 무엇을 좋아하는 사람인가'에 대해 알아가는 재미가 쏠쏠할 것이다.

많은 자기계발서 심지어 재테크 서적들도 내가 좋아하는 것을 해야 많은 돈을 벌 수 있다고 충고한다. 나를 탐구하여 명확함이 생기면 이후 뻘짓이든 이직이든 하는데 효율적으로 도움이 될 것이다. 어떻게 시작해야 하냐고? 유튜브나 블로그에서 추천하는 인기 자기계발서들이 있다.

그 중 마음에 드는 몇 권을 정독해보길 바란다. 그러고 나면 그 뒤에 무엇을 해야 할지 감이 온다.

1월 1일 새해가 밝거나, 조직 개편이 심상치 않게 돌아간다고 느껴질 때 우리는 또 계획을 세운다.

영어공부, 책 100권 읽기, 매일 일기 쓰기….

항상 영어공부, 독서, 운동은 빠지지 않는다. 나 역시 1년에 책 50권 읽기라는 목표도 세워보고 영어학원 6개월 다니기 같은 계획도 세워봤으나 늘 작심삼일에 불과했다. 3일에 한 번씩 작심삼일을 하면 된다지만 그 결심을 하기조차 귀찮아진다.

이 계획을 실행한들 크게 달라지지 않는다는 생각이 들기 때문에 중도 포기를 하게 된다. 책 50권을 읽었다는 뿌듯함이야 있겠지만 내 삶에 직접적인 영향을 주지 않는 것처럼 보인다. 그래서 나는 올해부터 목표와 계획 세우는 방법을 변경했다. 100권 읽기, 학원 다니기 같은 인풋 중심에서 전자책 등록하기, 혼자 운전해서 강릉 바다 보러 가기와 같은 아웃풋, 결과물 중심으로 말이다.

인스타그램 마케팅에 관한 전자책을 등록한다면 기존

도서 몇 권을 읽고 준비해야 할까? 여기서 아웃풋은 전자책이다. 이런 실용서 한 권을 쓰기 위해선 십여 권의 비슷한 책을 읽을 것이고, 넣어야 할 사례를 찾기 위해 많은 브랜드의 인스타그램 마케팅들을 학습할 것이다. 바로 이거다. 무작정 책을 읽는 것이 아니라 분명한 목적을 가지고 아웃풋을 만들어내기 위한 독서를 하는 것이다.

물론 등록이라는 행위 자체에 의의를 두기 보다는 한 발자국 더 나아가 이로 인해 얼마를 벌겠다든지 몇 부를 판매하겠다든지 하는 목표를 세운 사람도 있을 것이다. 이런 경우 전자책을 등록한 사실에만 만족하지 않고 매출과 연결할 수 있는 좀 더 실질적인 마케팅을 공부하고 적용하면 좋지 않을까? 이런 경험은 또 하나의 소중한 콘텐츠가 된다.

나는 아직도 운전에 서툴다. 매주 주말마다 5시간씩 운전하기는 적절한 목표가 아니다. 혼자 운전하여 강릉 가서 회 떠오기 같은 목표를 세워보면 어떨까? 이 목표를 10시간 만에 달성하는 사람도 있을 것이고 6개월을 꼬박 해야 달성하는 사람도 있을 것이다. 나는 이 목표를 생각만 해도 가슴이 콩닥거리고 온갖 불길한 상상이 떠오른다.

가족 제주 여행에서 숙련된 조교를 조수석에 태우고 하루 5시간씩 운전하는 특별 훈련을 하기도 했다. 올해 안에 꼭 이루리라!

이렇게 내가 해내고 싶은 구체적인 아웃풋으로 목표를 정하길 바란다. 막연히 인풋만 하는 것보다는 분명한 성과가 나올 것이라 믿는다.

의지력을 높이기 위한 장치 ~~~~

목표에 다가가기 위한 장치로 시각화와 인증 시스템을 활용하면 좋다. 의지 부족으로 그만두기 직전에 한 번 더 심사숙고할 기회를 줄 수 있기 때문이다. 시각화는 내가 되고 싶은 것들을 이미지로 정리해두는 것이다. 목표를 이루지 못하는 이유 중 하나는 나의 목표를 잊어버리기 때문이라고 한다. 내가 이루고 싶은 것들을 그림으로 그리거나 글로 적어서 수첩에 넣어 가지고 다니면 계속 인지하게 되는 효과가 있다. 이런 그림들이 나의 성공을 끌어당긴다고 하는 사람들도 있지만 그보다는 계속 나의 목표를 보게 됨으로써 한 번 더 마음을 다지고 행동을 하도록 하는 장점이 있다고 생각한다. 나의 경우 비전 보드라는 이름으로 이루고 싶은 것을 만들어 책상에 붙여두었다.

▲ 책상 앞에 붙여두었던 나의 비전보드

나의 목표를 좀 더 끌고 갈 수 있는 방법은 인증 시스템이다.

시간 확보를 위한 새벽 기상, 1일 1포스팅과 같이 동일한 실천 목표를 가지고 인증하는 모임에 들어가길 추천한다. 비슷한 목표를 가진 사람들과 목표에 도달하는 과정을 나눌 수 있을 뿐더러 확실히 혼자 할 때보다는 재미있게 진행할 수 있다는 장점이 있다.

매일 새벽 일어나서 '굿모닝'을 하며 의지가 되기도 하고, 스스로의 약속을 지키지 못했을 때는 내가 낸 의지 보증금을 환급 받지 못하게도 된다. 돈을 돌려받기 위해서라도 약속을 지켜야 하는 강제적인 상황을 만들어두는 것이다.

그깟 보증금 1,2만원이 뭐가 중요하냐고 생각할지도 모르겠지만 직접 해보면 안다. 나의 의지가 약해서 과정을 잘 따라가지 못하는 것도 화가 나는데 보증금까지 환급 받지 못한다고? 그러면 두세 배는 더 약이 오른다. 차라리 그냥 누군가에게 만원을 줄지언정 내가 못해서 돌려받지 못하는 만원은 그렇게 아깝게 느껴진다.

◀ 프로젝트 방에서의 매일 아침인사

작고 쉽게 시작할 수 있는 것부터 시작하다

　우선은 본인이 할 수 있는 작은 일에서부터 시작하는 것이 좋다. 사람마다 하고 있는 일과 재능, 성격이 다르기 때문에 자신에게 맞으면서도 쉬운 것에서 출발하길 권한다. 나는 네이버 블로그를 먼저 운영하기로 결심했다. 시작할 때만 해도 특별한 이유가 있었던 건 아니다.

　"나는 현실적으로 어떤 시작을 할 수 있을까?" 라는 고민 끝에 지금은 열 살인 아이의 육아휴직 때 운영했던 블로그를 떠올렸을 뿐이다. 정 안 되면 블로그를 키워 강사라도 해야겠다는 마음이었다. 이런 결정을 하게 된 배경에는 공인중개사 자격증 취득 후 느낀 허탈감이 크게 작용했다. 1년간 힘들게 공부를 해서 합격했는데도 나와의 연결고리가 없으니 새로운 업을 시작하기가 만만치 않았기 때문이다.

대기업을 다니고, 마케팅 업무를 진행했다는 나의 이력이 실질적으로 부동산 일에 도움을 주는 것도 아니었고 자연스러운 스토리로 연결되는 것도 아니었다. 그렇다고 개인적으로 부동산 투자를 해서 그쪽 시장을 보는 눈이 밝은 것도 아니었다. 어느 자리에 가서도 이야기할 수 있는 자연스러운 연결고리를 만들고 싶었는데 여의치가 않았다.

본인이 분명히 해보고 싶고 좋아하는 일이 있다면 큰 그림만 보지 말고 그 중에서 쉽게 시작할 수 있는 무언가를 찾아보면 좋겠다. 큰 목표를 잘게 잘라서 하나하나 시작하라는 의미이다.

스노우폭스 김승호 회장님의 책《알면서도 알지 못하는 것들》에는 "목표를 작게 조각내어 매번 성공하라, 그것이 버릇이 되면 어느새 큰 성공을 차지하고 있을 것이다" 라는 문구가 나온다. 작은 것부터 해야 하는 이유는 분명하다. 성취감을 위해서다. 매일매일 작은 성취감을 느끼면서 꾸준히 이어 나가는 게 제일 중요하다.

나는 당시에 시각화라는 개념을 몰랐기 때문에 따라하지는 못했지만 마음속에 분명한 목표가 있었다. 그때의 생각으로는 블로그 강사가 되기 위해선 왠지 블로그 방문자가 많아야 할 것 같았고 일 방문자 7,000명을 만들자는 목표를 세웠다. 목표가 정해지니 매일 한 개의 포스팅을 빼놓지 않고 올렸다. 포스팅이 쌓여가면 일 방문자 5,000명도 금세 이룰 수 있으리라는 자신감도 생겼다. 한 달을 꾸준히 하자 명맥만 유지하고 있던 블로그의 일 방문자가 300, 500, 1,000명… 계속 꾸준히 늘었다.

매일 글감을 찾고, 글을 써본 적 없던 내가 블로그 글을 쓴다는 것, 사람들의 댓글에 답글을 달아주고 그들의 블로그를 일일이 찾아가서 반응해주는 데에는 많은 시간이 필요했다. 피곤하기도 했지만 다른 때와는 달리 이번에는 꾸준히 할 수 있었다. 언제 그만둘지 모른다는 회사의 상황이 그랬고 더 이상 내가 새로운 일을 찾을 수 없다는 현실적인 자각 그리고 무엇보다 작은 성취감을 느끼고 사람들을 알아가는 게 재미있었다.

무엇을 할지 아직 불분명하거나 다른 분야를 고민하는 예비 사이드잡러들은 꼭 개인 SNS 채널을 제대로 전투적으로 운영해보라고 이야기하고 싶다. 이유는 크게 세 가지 정도다.

첫째, 나와 비슷한 관심사를 가진 사람들과 교류할 수 있고 그들을 보며 신선한 자극을 얻을 수 있다. 물론 직접 운영하지 않아도 검색을 하든지 그들이 올리는 정보를 일방적으로 볼 수 있다. 그렇지만 같은 '콘텐츠 생산자'의 입장에서 교류를 하는 게 훨씬 공감대를 얻기 수월하다. 콘텐츠 생산자로 접근을 하다 보면 단순히 그들이 주는 정보를 받아들이는 것이 아니라 어떻게 하면 내 것과 시너지를 낼 수 있을까를 고민할 수 있기 때문이다. 또 운이 좋다면 경우에 따라 함께 프로젝트를 하는 등 다양한 연결고리를 만드는 기회를 얻을 수도 있다.

예를 들면 나의 이웃이 최근에 시니어 컬러링북 상품을 런칭했다. 그분도 초보 사장님이기 때문에 홍보가 절대적으로 필요한 상황이다. 그럼 나는 이 상품이 어떤 키워드로 노출이 되면 좋을지를 고민하고, 나와 연결된 커뮤니티 멤버들을 떠올리며 누가 쓰면 좋은 제품일까를 생각한다. 할인된 가격으로 판매하면 어떨지 혹은 체험 이벤트를 통해 후기 콘텐츠를 확보하면 어떨지 제안해본다. 사장님은 홍보 콘텐츠를 얻을 수 있어서 좋고, 커뮤니티 멤버는 본인에게 맞는 제품을 먼저 사용해볼 수 있어서 좋다. 나는 나의 커뮤니티 내에서 의미 있는 이벤트들이 벌어지니 이 자체로 만족한다.

두 번째는 나의 브랜딩의 시작, 콘텐츠를 쌓는 작업의 기초를 다질 수 있다. 아무리 건강한 재료로 깔끔하게 만드는 빵집이 있어도 사람들이 모르면 찾아올 수가 없다. 그만큼 브랜딩과 홍보가 중요한 시대다. 빵을 만들 때의 설레임, 어떤 재료들을 사용하는지, 어떤 마음으로 빵을 만들고 있는지… 이런 것들이 고스란히 담긴 주인의 SNS를 보면 어떤 느낌이 들까?

내가 배워가는 과정들이 쌓여 결국 나의 콘텐츠가 된다. 전문가가 올리는 정보가 의미 있는 것 아니냐고 반문할 수도 있다. 물론 전문가가 알려주는 고퀄리티의 정보는 인정할 만하다. 그렇다고 해서 비전문가의 정보가 항상 무시당하는 것도 아니다. 왕초보는 자신과 비슷한 초보의 글에 더 끌리는 법이다! 초보 시절을 기억하고 이해하는 사람이 알려주는 정보들이 사람들에게 더 공감 받을 수도 있다.

지금은 초보가 왕초보를 알려주는 시대임을 잊지 말자. 초보의 미숙한 과정이 담긴 콘텐츠들이 부끄럽다 생각하지 말고 꾸준히 나의 성장을 SNS에 담아두자. 이런 기록이 차곡차곡 쌓이면 '나의 신뢰' '나의 콘텐츠' '나의 브랜딩'이 되어 크게 보답을 하는 날이 오게 될 것이다.

세 번째는 앞서 이야기한 의지 부분과도 관련이 있다. 익명의 직장인일 때는 개인 SNS 채널은 필요하지 않다. (오히려 없는 편이 업무에 집중할 수 있기도 하다) 그러나 지속적으로 나의 관심 주제를 기록하다 보면 콘텐츠에 대한 팬들이 생겨난다. 기록하면서 사람들이 좋아하는 것들을 알 수 있게 되고, 이미 공개된 공간에 기록을 했기 때문에 그만두고 싶어도 한번 더 고민하게 되는 장점이 있다. 내가 그동안 쌓아올린 노력이 아깝고 사람들의 시선이 신경쓰여서도 함부로 그만두지 못한다.

피트니스 센터에서 운동을 하기까지 가장 어려운 것이 '집에서 나서기'라는 말이 있듯이 개인 채널의 운영은 가장 어려운 게 '한 개 업데이트'이다. 먼저 하나를 등록해 보길 바란다. 그리고 그 다음은 꾸준함이 중요하다.

다만 이렇게 운영을 하면서 조금은 효율성을 추구하면 좋겠다. 자기만의 방식으로 계속 운영하는 사람들이 있는데 아무도 알아주지 않고 반응이 없으면 쉽게 지친다. 처음 몇 달간은 반응이 없어도 유지가 가능하지만 어느 정도 시간이 지나면 '내가 이렇게 해서 뭐하지?'라는 자괴감이 들기 시작한다.

이런 지침을 사전 예방하기 위해 유튜브나 블로그 같은 곳에서 상위노출 노하우와 제대로 운영하는 방법에 대해 파악하면 좋겠다. 내 글이 상위에 노출되고 그로 인해 모르는 사람들이 정보 검색을 위해 내 블로그로 유입되면 기쁘기도 하고 재미도 있다! 내 상황에 맞춤형으로 좀 더 실질적인 정보를 알고 싶다면 과하게 비싸지 않은 관련 강의를 직접 들어보면 좋겠다.

강의는 직접 강사들과 이야기할 수 있고 나와 비슷한

처지의 사람들을 만날 수 있다는 장점이 있다. 다만 너무 비싼 강의는 강사의 이름값이 반영된 경우도 많다. 강사의 유명세나 단순 가격비교가 아닌 나에게 맞는 커리큘럼을 찾길 권한다.

물론 가장 중요한 것은 직접 업로드 해보는 것임을 잊지 말자.

체험단으로 생활비 절약하기 〰〰

SNS 채널을 운영하며 가장 먼저 수익화해볼 수 있는 부분이 체험단이다. 서평, 식당 방문, 뷰티 서비스 체험, 상품 리뷰 등 생각보다 다양한 아이템이 있어 처음 입문하는 사람은 신세계라 느낄 수 있다. 체험 후 일주일 이내 관련된 리뷰를 올려주면 되고 종종 원고비를 추가로 지급하는 경우도 있어 쏠쏠하다. 다만 체험단 콘텐츠에 너무 몰입되면 나중에 검색이 안 되는 블로그가 될 수 있으니 필요한 부분만 잘 골라서 취하면 좋다.

모든 것이 완벽한 때는 없습니다

    블로그의 일 방문자 7,000명이 되면 블로그 강의를 시작하려고 다짐했었다. 이유는 딱 하나, 수강생에게 신뢰감을 주고 싶어서였다. 그 정도의 방문자라면 수강생들이 나를 믿고 따라줄 거라고 생각했다. 그런데 왜 그 기준이었을까? 마음 한구석에 절대 될 수 없는 수치라는 생각이 있었다. 그리고 그때까지 그냥 미루고 싶었던 것이 아닌가 싶다. 완벽하게 준비가 될 때까지 기다려야만 할 것 같았다. 결과적으로 나는 목표 방문자 수를 달성하기 전에 블로그 강의 모객을 시작했다. 나의 시작은 2019년 여름이었는데 본래의 기준이었다면 그 해 겨울쯤에 블로그 커리큘럼을 짰을 것이다.

나는 예전부터 사람들을 가르치는 일이 하고 싶었다. 사내 혁신 부서에 근무하면서 사내 강사로 단발성 통계프로그램이나 파워포인트 같은 OA 교육을 하기도 했다. 그런데 그건 꼭 맞는 나의 옷은 아니라는 생각이 컸다. 강사로서의 역할은 재미있었지만 알려주는 콘텐츠가 내 것이 아니었다. 잘 외우고 버무려서 다시 설명해주는 수준이었기 때문에 흥미가 느껴지지 않았다.

그 후 계속 고민해봐도 내 콘텐츠가 없다는 생각이 들었고, 그저 '언젠가 하고 싶다' 하는 희망 사항으로만 남겨두었다. 과연 적극적으로 나의 아이템을 찾아 나섰을까? 당연히 아니다. 사실 그런 욕망을 입 밖으로 내는 것조차 부끄러웠다. 지키지도 못할 희망 사항들을 공표함으로써 괜히 내 마음만 들키는 거라고 생각을 했었다.

언젠가는 나도 책을 써야지, 이번 자격증을 따고 나면 해야지, 이번에 퇴사하고 해야지, 아이가 초등학교 가면 해야지… 미래의 언젠가, 무언가를 하겠다는 사람이 많다. 사실 미래에 무엇을 하겠다는 각오를 가진 사람이라면 그 자체만으로도 멋지다고 생각한다. 인정하고 싶다.

언제 달성될지도 모르는 일 방문자 7,000명. 그 막연한 숫자에 도달하면 블로그 강의를 시작하겠다고 호언장담하던 나. 그런 나였기에 나와 비슷하게 주저하며 시간을 하염없이 흘려보내는 사람들을 만날 때마다 나는 항상 비슷한 질문을 한다.

"지금 하기는 왜 어렵나요?"

"나중이 아니라 3개월 뒤에 못하는 이유는 무엇인가요?"

"그때 하기 위해 지금 어떤 준비를 하고 계신가요?"

이 질문을 받은 사람들의 표정은 거의 비슷하다. 예전의 나처럼 말이다. 하고 싶은 무언가를 '언젠가' 라는 나중으로 미루며 가슴속에 담아두고만 있는 것이다.

완벽한 때는 없다고 생각한다. 설령 완벽한 때가 와도 그걸 알아차리기 어려울 뿐더러 완벽한 때에, 완전한 준비를 하고 시작해도 실수가 있을 수밖에 없다. 처음에 사이드잡을 시작했을 때 생각지도 못한 시행착오가 많았고 1년이 지난 지금도 크고 작은 웃지 못할 에피소드들은 계속되고 있다. 그러나 분명한 건 그 실수를 수습하면서 성장하고 있다. 항상 '멋진 나사'에 만족하고 살아왔는데 기획, 홍보, 상담, 입금 확인까지 일일이 혼자 해야 하니 애초에 완벽을 기대할 수 없다.

그래서 작게라도 시작하라고 이야기한다. 사실 너무 크게 시작하면 정말 감당할 수 없는 사태가 일어날 수 있다. 회사 다닐 때 진행했던 프로젝트 단위로 시작을 한다면 그건 당연히 앞으로도 내가 할 수 없는 일이 되어버릴 것이다. 큰 규모의 일은 여러 전문가를 거느린 법인 같은 곳이 할 수 있도록 내버려두자. 내가 진짜 커지고 조직을 만든 뒤에 쳐다보자.

지금은 흔히 말하는 '거지같이'라도 시작하라고 이야기한다. 일단 시작하면 그 다음에 무얼 해야 할지가 보인다. 그래야 진짜 나의 부족함을 알 수 있다. 그 부족함을 보강하다 보면 조금씩 달라진 내가 보이기 시작한다.

작게 시도해 볼 수 있는 플랫폼 〰〰

• 크몽 https://kmong.com/
2012년에 시작된 프리랜서 마켓. 디자인, 마케팅, 번역, 사진촬영 등 서비스
와 지식을 거래하는 플랫폼이다. 틈새 시간을 통해 외주 아르바이트를 할 수
있다면 전문가 등록을 하고 1인 사업가나 소상공인의 외주 업무를 받아 수행
하며 수익을 창출할 수 있다.

• 해피캠퍼스 https://www.happycampus.com/
리포트 전문 지식공유 사이트로 대학, 자격증 리포트, 자기소개서, 사업계획
서와 같은 문서들을 올려두고 판매한다. 아직 대학생의 감성이 남아 있는 사
회초년생이라면 대학시절 리포트를 각색해 올려두고 판매할 수도 있는 플랫
폼이다.

• 네이버 OGQ 마켓 https://ogqmarket.naver.com/
카카오톡의 이모티콘과 비슷한 개념으로 네이버 플랫폼에서 (카페, 블로그,
포스트 등) 사용할 수 있는 스티커다. 아이디어가 있고 제작 가이드 라인을
맞춰서 이미지를 그릴 수 있다면 누구라도 등록이 가능하다. 네이버의 심사
후 판매 여부가 결정된다. 금액은 대체로 1,000원선으로 책정되며 네이버의
제반 수수료를 제외한 매출의 70%를 정산해준다.

• 크라우드픽 https://www.crowdpic.net/
감각적인 사진, 이미지를 만들 수 있는 사람들이 관심을 가져보면 좋을 플랫
폼이다. 현재 베타 서비스 기간으로 판매 금액의 100%를 작가에게 포인트로
제공하고 있다. 작가 등록이 어렵지 않고 이미지는 몇백원부터 시작한다.

그럼에도 불구하고 본업이 제일 중요해

개인적으로 가장 많은 질문을 받는 것 중 하나가 '본업과 사이드잡 중에 어떤 것이 중요한지'에 대한 질문이다. 혹은 언제쯤 퇴사 예정인지 그 정도면 퇴사를 해도 되지 않는가에 대한 문의를 한다. 그러나 나의 대답은 한결같다. 바로 "지금 하고 있는 당신의 본업"이 중요하다는 것이다.

부수입을 위해 달려본 사람들은 매달 받는 월급이 얼마나 귀한지 알게 된다. 비록 복잡한 지하철을 뚫고 매일 9시까지 출근한 대가이긴 하지만 나에게 매달 가장 많은 돈을 주는 곳은 회사다. 소소한 부수입들이 하나씩 입금

되는 것을 보고 있자면 몇백 만원 단위의 돈은 사랑스럽기까지 하다.

물론 비즈니스 모델 구축을 위한 몰입의 시간이 필요하다든지, 조직을 떠나 자유로움을 추구하고 싶은 사람이라면 다를 수 있겠다. 하지만 다양한 파이프라인을 구축하며 퇴사 이후를 준비해보겠다는 경우라면 무조건 본업이 우선이고 본업의 경쟁력을 키워야 한다.

이는 '마음의 여유'가 생기기 때문이다. 비록 며칠 머물렀다가 생활비로 빠져나가는 미약한 월급이지만 그것이 있기에 사이드잡으로 단기적 성과를 내고자 무리하지 않아도 된다. 나 역시도 기왕 하는 것 사람들이 많으면 좋겠고 많은 돈을 벌면 좋겠지만 '나는 한 달에 200만원을 꼭 벌어야 해' 라는 차원으로 사이드잡에 접근하지 않는다.

"너무 쿨하신 거 아닌가요?"

총 수입은 얼마이고 들어간 시간과 비용은 얼마… 그래서 얼마가 남았고 혹은 부족했고… 나는 사이드잡을 하며 계산기를 두들기지 않는다. 아직은 나의 파이프라인을 점검하고 찾아가는 중이기에 돈에 욕심내려 하지 않는다.

혹시나 단순변심으로 환불을 요구해도 들어간 리소스가 없다면 설득하지 않고 받은 돈을 돌려준다.

기본적으로 마음 떠난 사람에게 이유를 물으며 나에게 상처주고 싶지 않은 성격 탓일 수도 있다. 하지만 이는 본업이 주는 여유라고 생각한다. 만약 이게 유일한 수입원이라면 어떨까? 환불 규정을 들이밀며 어떤 이유로 환불을 요구하는지 그럼 내가 어떻게 그걸 개선해줄 수 있을지 굉장히 상대방을 괴롭힐 것 같다. 지금은 나의 에너지를 이런 곳에 쓰고 싶지 않다.

"저렇게 딴생각 하고 다니니 일처리가 저렇지."

이런 말 한 번쯤은 해봤고 누군가 하는 이야기를 들어본 생각이 날 거다. 사이드잡이든 부동산 투자를 하건 주변의 동료들이 아무 생각 없이 던지는 전형적인 말들. 주식, 부동산 투자를 하거나 사이드잡을 하는 사람들은 이런 말을 들을 각오가 되어 있어야 한다. '내가 다른 걸 하고 있음'을 일부러 말하고 다니는 사람은 없겠지만 언제 어떤 식으로 공개될지 모른다. 나의 경우 상위 노출된 블로그 덕에 후배가 알게 된 당황스러운 기억도 있다.

회사의 실적이 나빠져서 누군가를 내보내야 한다거나 좋지 않은 평가를 주어야 할 때 이런 억울한 이유를 들며 '딴짓 하는 사람으로' 낙인 찍어버리기 너무 쉽다. 그렇다면 어떻게 해야 할까? 그렇기에 구본형 소장님의 1인 기업가 마인드로 회사를 대하고 우선순위를 가져야 한다고 생각한다.

　구본형 선생님의《익숙한 것과의 결별》은 '피고용자'라는 생각을 버리고 주어진 업무가 협력업체로 아웃소싱된 것처럼 행동하라고 조언한다. 회사도, 동료도 역시 모두 고객이라는 것. 그리고 나는 고객을 돕는 전문가라는 것. 이러면 단순히 고용된 사람이 아니라 대등하고 진정한 비즈니스 파트너가 된다는 것이다. 이는 사업가의 마음으로, 이게 잘못되면 짤릴 수 있는 프리랜서의 마음으로, 업무를 대하라는 것으로 이해했다. 이 구절을 읽고 가급적이면 완결성 있게 나의 업무를 진행하고자 한다.

　본업과 사이드잡의 균형을 유지하고 싶은 만큼 직장 생활에 충실하자.

가장 중요한 것은 출근 시간 지키기다. 나는 특별한 경우를 제외하고는 일찍 출근하여 업무를 시작한다. 급한 일들을 미리 처리하면 마음이 편하기도 하고 '딴짓 하느라 회사도 매일 늦는' 사람이라는 불명예를 피할 수도 있다. 대신 가급적 야근을 하지 않는다. 퇴근 후가 더 바쁜 워킹맘이자 사이드잡러이기 때문이다.

출퇴근 시간 관리를 기본으로 하되 각자 조직 분위기에 맞게 어떤 부분을 유의해야 할지 자기만의 기준을 마련하길 바란다. 하는 만큼 반응이 있는 사이드잡에 시간을 할애하고 싶은 것은 인지상정이다. 하지만 사이드잡이 확실히 자리 잡기 전까지는 본업에 충실해야 한다.

입장을 바꾸어 생각해보자. 우리는 누군가에게 실적이나 매출이 부족하다고 대놓고 비난하지는 않는다. 대신 매일 5분씩 지각하고 회사 일에 집중하지 못하는 모습, 무책임하게 휴가를 쓰는 모습에는 실망하고 비난을 한다. 이제 우리가 어떤 부분에 유의해야 할지 답이 나왔다.

채널별 특징을 알고 접근하는 것도 실패 확률을 줄이는 노하우다.

내가 성장시키고 싶은 콘텐츠가 어떤 것인지 어떤 타깃에 맞는지를 생각해보고 접근하면 좋다. 중요한 것은 이런 채널 운영을 통해 '취향의 검증'이 가능하다는 점이다. 내가 좋아하는 아이템이 그냥 나 혼자 좋아하는 것인지 대중성을 가지고 있어 사람들이 열광하는지 검증해볼 수 있는 귀한 기회다.

네이버 블로그

대한민국 사람들 80%가 아직도 네이버 검색을 통해 정보를 찾는다. 네이버 블로그는 오랫동안 인기 있는 채널이기 때문에 상위노출 로직이나, 운영에 대한 정보를 마음만 먹으면 쉽게 얻을 수 있다. 정보성 콘텐츠 수요가 많은 플랫폼이다 보니 내가 키우고 싶은 영역이 다양한 정보성 콘텐츠를 만들어낼 수 있다면 네이버 블로그를 강력추천하고 싶다.

체험단(맛집, 제품 리뷰) 같은 경제적 베네핏도 네이버 블로그를 중심으로 이루어지니 소소하게라도 수익화를 하면서 SNS채널을 운영하고 싶은 사람들에게 추천한다.

카카오 브런치

카카오의 브런치는 예비작가들의 등용문이다. 브런치에서는 정기적으로 공모전을 열기도 하고, 꼭 공모전을 통하지 않아도 브런치에 연재하며 가능성을 인정받아 베스트셀러가 된 사례들도 있다.

브런치는 내가 하고 싶다고 해서 바로 개설할 수는 없다. 작가 심사를 받아야 한다. 내가 쓴 글들과 나의 소개 등을 보내고 최소한의 관문을 통과한 사람만 브런치 플랫폼에 글을 쓸 수 있다.

티스토리

티스토리의 장점은 수익률이 좋다는 것이다. 티스토

리를 운영해서 월 500만원을 번다는 말도 있는데 이런 소문의 진원지는 구글 애드센스 덕분이다. 구글 광고가 사람들에게 노출되고 클릭이 일어남에 따라 발생하는 수익이 쏠쏠한 편인데 티스토리 운영자들은 정치, 연예, 컴퓨터 프로그램 다루는 방법들을 주제로 운영을 한다.

티스토리는 철저히 정보성 위주로 운영을 해야 하므로 개인 브랜딩은 어렵다. 다만 잘 키우면 꽤나 큰 수입을 가져다주는 플랫폼이니 개인의 필요에 따라 선택하면 될 것이다.

유튜브

유튜브를 검색해보면 유명한 사람들의 고급 콘텐츠가 대부분 무료로 제공되고 있다. 덕분에 우리 같은 평범한 사람들이 정보의 바다에서 건져올릴 수 있는 것들이 많아진다. 유튜브 크리에이터들의 수입은 광고 수익이 큰 부분을 차지하는데, 그들은 유튜브를 통해 쌓은 브랜딩과 명성을 기반으로 강의 컨설팅 등의 또다른 수익을 쌓아간다.

자신만의 콘텐츠를 찾아 꾸준히 영상을 올리다 보면 구독자층의 조회수가 높은 영상이 있기 마련이다. 내가 가지고 있는 콘텐츠와 시청자들이 좋아하는 콘텐츠의 방향을 찾아 계속 영상을 올리는 것이 답이다. 하지만 구독자가 몰리는 시점은 콘텐츠마다 다르기 때문에 잘할 수 있는 분야를 선택하여 지속가능한 컨셉으로 일주일에 최소 두 편씩 1년간 업로드하길 권한다.

인스타그램

초보가 가장 쉽고 빠르게 운영할 수 있는 채널이다. 이미지 딱 하나만 올리면 된다. 물론 운영하다 보면 만만치 않음을 알게 된다. 매력적인 이미지를 지속적으로 올릴 수 있는 사람에게 추천하고 싶다.

인스타그램은 빠르고 쉬우며 사람들과의 소통도 편리하게 할 수 있다. 다른 채널을 메인으로 운영하면서 소소하게 인스타그램을 추가하여 활용하면 좋다. 여성을 타깃으로 하는 비즈니스를 준비 중이라면 제일 먼저 선점해야 할 곳이 인스타그램이다!

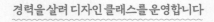

경력을 살려 디자인 클래스를 운영합니다

**사이드잡으로
돈 버는 사람들의
이야기
【마인드카소】**

SNS에서 '마인드카소'라는 닉네임으로 활동하며 5살 아이를 키우고 있는 전업맘이다. 대학에서 제품디자인을 전공했고 졸업 후 국내 브랜드 가방 디자이너로 8년 간 일했다.

퇴사 후 전공과 경력을 살려 개인 브랜드를 만들어서 2년 정도 운영하다가 아기가 생겨 자연스럽게 퇴사했다.

흩어져버리는 것 같은 일상을 기록하기 위해 시작한 블로그

육아를 도와줄 사람이 없어서 임신과 동시에 재취업은 아예 내 삶에서 제외되었다. 아이를 낳고 3년을 꼬박 가정 보육을 하다 어느 날 문득 '나 이렇게 살아도 되나?' 라는 강력한 메시지가 마음 깊은 곳에서 올라왔다. 엄마의 삶이 불만족

사이드잡으로 월급만큼
돈 버는 법

스러운 건 아니었지만, 내 삶이 이렇게 육아만 하다 끝나는 건 아닐까 하는 불안감이 진하게 들었다. 그 불안을 잠재울 수 있었던 계기는 블로그를 시작한 것.

사이드잡이나 다른 걸 염두에 두고 블로그를 시작한 건 아니었다. 흩어져버리는 나의 삶을 기록하고 싶었다. 블로그에 나의 관심사인 그림과 디자인에 대한 작업물과 생각을 기록했다. 그렇게 기록하다 보니 그것들이 연결되어 자연스럽게 사이드잡이 생겼다는 표현이 맞을 것이다.

비전공자도 할 수 있는 디자인 클래스 운영중

디자인 놀이터 캔바(CANVA)에서 '놀자' 클래스를 운영하고 있다. 캔바는 디자인 제작 플랫폼으로, SNS 콘텐츠 디자인인 카드뉴스나 썸네일 등을 제작하는데 유용한 사이트다. 실용적인 썸네일과 카드뉴스 기획과 제작에서부터 감성적인 일러스트 표현까지 다양하게 활용하고 표현할 수 있는 노하우와 팁을 모두 알려드린다.

자기 자신의 생각과 감성을 캔바라는 툴을 활용해서 이미지로 표현함의 재미를 느끼게 해주는 것이 클래스의 가장 큰 목표다. 실제로도 디자인과 미술을 전혀 전공하지 않은 분들이 상당히 흥미를 느껴서 보람이 크다.

나는 꾸준히 그림을 그리고 디자인 작업을 해서 SNS에 올린다. 내가 좋아하는 것을 솔직하게 표현하려고 한다. 나의 작업물이 결국 나이기에 그것들을 보고 디자인 작업 의뢰나 클래스를 신청해주신다고 믿고 있다. 그것 외에 특별한 홍보 방법은 없다. 블로그로 시작하여 현재는 인스타그램과 유튜브, 카카오 브런치까지 채널이 확장되었다. 홍보를 위해 그림을 그리고 채널을 운영하는 것은 아니지만, 자연스럽게 연결고리가 생기는 것 같은 기분이 든다.

SNS 운영에서 가장 중요한 것은 사람들과의 소통

내가 좋아하는 것들을 SNS에 기록하고 소통하겠다는 마음이 가장 중요하다고 생각한다. 좋아하는 것을 기록해야 꾸준히 할 수 있고 사람들의 반응도 긍정적이어서 신이 난다.

나는 '그림'이라는 좋아하는 큰 주제가 있기 때문에 다양한 SNS 채널을 운영하는 게 부담스럽지는 않다.

블로그는 주 4회 포스팅, 유튜브는 월 6개의 동영상, 인스타그램은 월 20~30개 피드를 기록하겠다고 목표를 잡는다. 특히 블로그와 유튜브는 한 주가 시작할 때 어떤 주제의 글을 쓸 것인지, 어떤 영상을 작업할 것인지 대략적으로 구상한다. 제목이라도 미리 저장해두면 지속적으로 운영하는데 큰 도움이 된다. 인스타그램은 블로그와 유튜브에 올린 것을 기반으로 그때그때 같이 올린다.

일단 시작을 해봐야 연결이 된다

망설여진다는 것은 내 마음이 단 1%라도 그 일을 원하고 있다는 뜻이다. 그럴 때는 그 귀한 마음을 외면하지 말고 용기를 내서 꼭 해보았으면 한다. 한 번을 경험해봐야 그 다음이 있다. 막상 해봤는데 예상과 다르다면? 그렇더라도. 괜찮다. 나의 성향을 파악하고 그 다음의 다른 방향을 생각하면 되니까. 해봤는데 원하던 일이라면 자연스럽게 다음 스텝이 그려질 테니 그보다 더 행복한 일은 없을 것이다.

결국 해봐야 어떤 형태로든 일이 연결된다는 걸 잊지 말자. 할까 말까 망설임이 들 때는 하는 방향으로 손을 들어주자. 무엇보다 자신의 마음이 가장 기뻐할 것이다.

더 보고 싶다면 이곳에서 →

실전

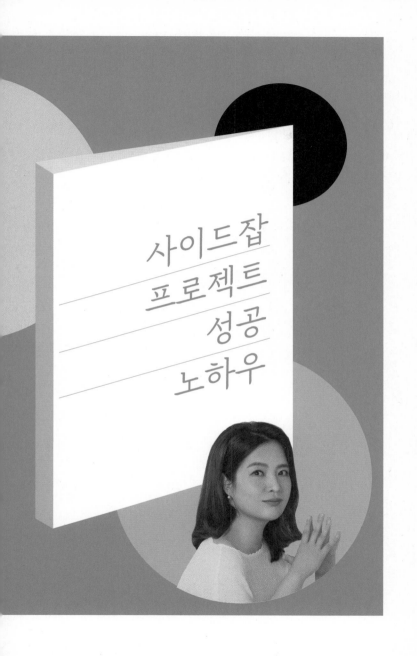

사이드잡
프로젝트
성공
노하우

나의 아이템을 찾자!

　가장 먼저 해야 할 일은 나의 분야를 정하고 아이템을 선택하는 것이다. 이때 유의할 점은 '나만의' 아이템을 찾는 건 아니라는 거다. 단언하건대, 나만을 위한 유일한 아이템이 기다리고 있을 가능성은 제로에 가깝다.

　"무언가를 하고 싶은데 주제가 없어요" "난 정말 재주가 없는 것 같아요"라는 한탄 아닌 한탄을 많이 듣는다. 나 역시 내세울 게 하나도 없다고 생각했다. 특출나게 잘하는 분야가 있어야 누군가에게 나를 팔 수 있을 텐데 잘하는 게 없다고 생각해서 여러 가지를 배우러 다녔던 수강생 중 하나가 바로 나다.

업무는 김 부장보다 못했고 외모는 이 대리보다 매력적이지 못하고 성격은 박 과장의 밝음을 따라갈 수가 없다. 이렇게 누군가와 끊임없는 비교, 나의 '결핍'에 집중하다 보니 나는 잘하는 게 하나도 없었다. 그런데 냉정하게 생각해보자. 정말로 할 줄 아는 게 없는 건지 자신감이 부족한 것인지.

내가 할 줄 아는 건 무엇일까? 좋아하는 것이 아닌 잘하는 걸 적는 게 포인트다. 좋아하는 것보다 할 줄 아는 것을 찾는 편이 더 수월하다. 회사를 다닌다는 건 어떤 분야의 전문가에 가까운 능력을 가지고 있다는 이야기다.

설령 '나는 지금 하는 일을 더 이상 하고 싶지 않아' '절대 이 업종으로 돈 벌지 않을 거야' 라는 생각이 들더라도 현재 내가 하고 있는 일들을 포함해서 솔직하게 적어보자. 가끔 '할 줄 안다' '잘한다'의 기준이 굉장히 높은 사람이 있다. 우선은 기준을 낮추고 내가 가진 것 중 상대적으로 '잘할 수 있는 것'을 적어보는 거다.

이렇게 생각해도 어렵다면 사람들이 나에게 많이 묻는 질문이 어떤 것인지 곰곰이 생각해보자.

브렌든 버처드는 《백만장자 메신저》라는 책에서 사람들이 당신에게 자주 묻는 '그것'이 바로 콘텐츠라고 주장한다. 온라인 마케팅에 대해 문의를 받는 사람은 온라인 마케팅 메신저가, 블로그에 유기농 이유식을 올리며 좋은 이유식은 어떻게 만드는지 질문을 받던 사람은 아기 음식 전문 메신저가 되었다는 것.

이 문장을 읽고 나는 그동안 내가 지녀왔던 "넌 어쩜 제대로 하는 게 하나도 없니"라는 자책이 스르륵 풀리는 느낌이 들었다. 사람들은 나에게 요리 레시피나 자동차 조작에 대해 묻지 않는다. 나에겐 트렌드에 대한 질문, 블로그 인스타그램과 같은 온라인 플랫폼 다루는 방법, 사업 아이디어에 대한 질문을 자주 하고 있었다. 그리고 내가 어떤 조언을 하면 생각하지 못했던 부분을 알려주어 고맙다는 인사를 받았다.

분명하지 않은가? 나는 가진 게 많은 사람이었다. 사람들은 나에게 많은 걸 물어보고 고맙다고 이야기하고 있었다. 블로그 수업을 하다 보니 블로그 글쓰기에 대한 노하우를 묻는 분들이 생겨났다. 다 비슷해 보이지만 정보성, 체험단, 서평 등 블로그도 다양한 유형의 글을 써야 한다. 그래서 '한권으로 끝내는 블로그 글쓰기'라는 전자책을 발행했다. 완결성 있게 A4 20장 정도로 엮어보는 거다. 생각해보자. 혹시 누군가가 건강한 음식 만드는 방법, 최근 10kg 감량한 비법, 해외구매를 가성비 좋게 잘하는 방법 등을 묻지 않았는가? 사람들이 나에게 자주 하는 질문은 무엇일까?

현재 또는 과거의 업무에서 찾아보기

엑셀 수식, 파워포인트, 포토샵, 사진을 좀 잘 찍는다든지, 누군가에게 꼭 맞는 책을 추천할 수 있다든지… 아무리 소소한 것도 좋다. 이때 '잘한다, 할 줄 안다'의 기준을 조금 낮춘다면 생각보다 내가 할 줄 아는 게 많다는 것에 놀랄 거다. 나는 이미 잘 아는 분야이기 때문에 인지하지 못할 뿐 내가 잘하고 있는 분야들은 생각보다 많다.

내가 아끼는 누군가는 독학으로 배워 사진을 찍는다.

신기하게 스마트폰만으로도 멋진 사진을 찍어낸다. 훌륭하다고 칭찬을 해도 그녀는 스스로를 인정하지 않았다. 제대로 배운 적이 없었을 뿐더러 본인이 닮고 싶은 사람들은 이미 대단한 전문가였기 때문이다. 항상 자기는 멀었다고만 했던 그녀는 지금 어떻게 지낼까? 직장을 다니며 주말마다 제품 사진 찍는 아르바이트를 하고 있다. 그녀와 작업했던 쇼핑몰 사장님들의 만족도가 상당히 높아서 나도 기분이 좋다.

내가 하고 싶은 것이 분명한 경우

본업을 유지하며 예전부터 하고 싶었던 것들을 사이드잡으로 실현한다면 더할 나위 없이 행복한 인생이라고 생각한다. 또 사이드잡으로 시도해보다가 가능성이 보인다면 전직을 할 수도 있고 말이다. 내가 꿈꾸던 것을 한 단계씩 공부하며 탄탄한 기초를 만들면 이상적이다.

다만 그동안 만난, 하고자 하는 바가 분명한 사람들의 경우 수익화로 연결되기 어려운 경우가 있었다. 하고 싶은 분야의 시장이 너무 작거나 특정 전문가만 수익을 낼 수 있는 특수성을 가지고 있는 시장들이 종종 있다.

내가 하고자 하는 분야의 시장 크기는 어떤지, 나의 가능성이 있는지 살펴봐야 한다. 소중한 취미의 영역으로 둘 것인지, 작게라도 수익화를 위해 노력할 것인지 판단하면 좋겠다.

누군가에게 유료로 판매하려면?

당신의 재능 중에서 소액이라도 받을 수 있는 것들이 무엇이 있을지 체크해보자. 누군가에게 대가를 얻을 수 있는 아이템은 '시간을 절약해줄 수 있는 것'이다.

예를 들어 당신이 코덕(화장품Cosmetic과 덕후의 합성어)이라서 가성비(가격대비 성능) 좋은 화장품을 많이 알고 있다면 어떨까? 다른 사람들이 마스크팩을 구매하기 위해 한 시간씩 고객 후기를 뒤지는 수고를 당신이 줄여줄 수 있다. 당신은 그들이 원하는 마스크팩이 무엇인지 정확히 알고 있으므로 고객은 당신이 판매하는 제품을 사면 된다.

또 하나는 10만원을 내고 무언가를 배웠는데 그 배움을 활용해 100만원을 벌 수 있다면 사람들은 기꺼이 지갑을 연다. 당신에게 지불하는 10만원은 단순한 소비가 아니라 100만원을 위한 투자비용이라고 생각한다. 그래서 수십 만원씩 하는 재테크 강의가 몇 분 만에 마감되는 것이다. 다른 사람의 시간이든 돈이든, 무엇인가를 얻도록 해줄 수 있는 아이템은 무엇일까를 기준으로, 내가 할 수 있는 것들을 계속 생각하며 리스트업 해보자.

이런 사례는 비단 몇십 만원짜리 고가 교육에만 해당하는 건 아니다. 엑셀 코칭을 돈 내고 받는 사람이 있을까? 필자 역시 그런 걸 돈 내고 배울 필요는 없다고 생각했다. 회사원들이 엑셀을 하는 방식은 팀장의 보고서를 만들면서 예전 서식도 참고하고 모르는 건 네이버나 유튜브에 검색하고, 어깨너머 배우는 것이라 생각했다. 엑셀은 우리 회사에서만 필요한 건 아니다.

쇼핑몰을 하려면 기본적으로 엑셀을 할 줄 알아야 한다. 상품 가격도 정해야 하고 나의 고객 DB도 관리해야 한다. 부동산 투자를 해도 숫자를 다룰 줄 알아야 수익률도 계산하고 매도 시점을 계산할 수 있다. 혹은 연구소에서 주는 보고서를 읽으려면 기본적으로 통계에 대한 지식이 있어야 제대로 해석을 할 수 있다. 실제로 이런 맞춤형 강의나 컨설팅이 빈번하게 일어나고 있다.

고객 입장에서도 천편일률적인 엑셀 강의를 듣고 스스로 솔루션을 찾기 보다는 소그룹이나 일대일 수업을 통해 명확히 문제점을 요청하고 해결점을 찾는 게 효율적이기에 선호도가 높은 편이다. 내가 잘할 수 있는 건 무엇일까? 구체적으로 어떤 사람에게 어필될 수 있을까 계속 고민을 해보자.

다른 사람들은 어떤 재능을 돈으로 바꾸고 있는지 궁금하다면 재능 플랫폼 크몽(https://kmong.com)이나 탈잉(https://taling.me)을 참고하면 좋다. 많은 사람들이 상상을 뛰어넘는 다양한 재능과 노하우를 가지고 수익화에 도전하고 있다. 내가 가진 할 줄 아는 것들을 매칭하며 나는 어떤 걸 기획해볼까 참고해보자.

지금은 시작일 뿐이다. 지금 정한다고 이걸 계속 해야 하는 것도 아니다. 내가 우선 작게라도 시도할 수 있는 시작점을 만드는 거다. 이걸 기준으로 조금씩 방향을 바꾸기도 하고 또 다른 일들을 시도해볼 수 있는 자신감도 얻을 수 있다.

나의 아이템을 찾는 방법 〰〰

- 이 세상에 나만을 위한 특별한 아이템은 없다.
- 사람들이 나에게 자주 묻는 질문은 어떤 종류일까?
- 내가 과거에 했던, 혹은 현재 하고 있는 업무에서 찾아보라.
- 꼭 하고 싶던 분야가 있다면 시장성을 판단하고 도전해보라.

당신의 닉네임은 어떤가요?

 닉네임은 첫인상을 좌우하는 요소이자 나를 보여줄 수 있는 첫 번째 창구인만큼 한 번쯤은 진지하게 생각하고 고민할 필요가 있다.

 수강생으로 만난 '나눙'이라는 친구가 있다. 블로그의 첫 느낌은 예술적 재능도 많고 마음씨 착한 예쁜 친구였다. 그런데 세상에 닉네임이 '나눙'이라니. 그 뜻이 무언지 몰라 네이버에 검색도 해봤다. 포켓몬에 나오는 '망나뇽'의 줄임말 같기도 하고 요상했다.

 온라인 세상에서는 어떤 닉네임을 지어야 할까? 물론

실명을 본인의 닉네임처럼 사용하면서 이름을 알리는 것도 좋다. 브랜딩의 끝판왕은 결국은 '누군가의 이름을 들었을 때 어떤 전문성을 가진 사람이구나' 라고 알리는 것일 테니 실명을 쓰는 것에 개인적으로 거부감이 없다면 본인의 이름을 사용하면 된다.

다음 내용은 '실명 말고 멋진 닉네임'을 만들고 싶은 사람을 위한 가이드다.

제일 먼저, 내가 사용하고 있거나 사용하고 싶은 닉네임 후보를 네이버, 유튜브에 검색해보자. 네이버는 가장 점유율 높은 검색 포털이자 블로그 서비스를 가지고 있기 때문이고 유튜브는 현재 가장 핫할 뿐더러 언젠가 우리도 도전해야 할 영상 플랫폼이기 때문에 함께 검색해볼 필요가 있다.

동일한 닉네임의 유명한 누군가가 있다거나 어떤 브랜드에서 내가 생각하는 것과 비슷한 닉네임을 사용하고 있지는 않은가? 혹은 너무 일반적인 단어는 아닌가?

내 본래 닉네임은 아지라엘이었다. 〈스머프〉라는 만화 영화 속 가가멜이 키우는 고양이 이름을 차용했는데 어느 순간 검색해보니 나의 블로그는 보이질 않고 고양이 이미지만 가득했다. 그래서 닉네임 변경을 결심했다.

사실 쓸 만한 단어들은 이미 누군가 선점하고 있다. 그럴 땐 단어를 결합하거나 형용사를 넣어 좀 특별하게 만들어야 한다. 나의 닉네임 '해피스완'도 굉장히 평범한 HAPPY와 SWAN의 결합 단어다. 닉네임을 고민하던 어느 날, 우연히 백조 사진을 보았고 영문으로 SWAN을 차용하면 어떨까 생각했다. 우아하게 물에 떠 있지만 열심히 물질하는 모습이 의미하는 바가 있다고 생각했다.

그 뒤 SWAN을 구체화해줄 수 있는 단어를 찾았다.

- 블랙스완 : 유명 액세서리 브랜드의 제품라인
- 화이트스완, 그레이스완 : 경제 용어
- 레드스완, 핑크스완 : 요상한 느낌을 주는 사이트
  가 이미 사용 중

그렇게 포기해가며 오만 단어를 결합하여 찾아낸 게 해피스완이다.

닉네임을 정할 때에는 멋지고 내가 되고 싶은 무언가가

담긴 단어를 찾아보는 게 좋다. 기왕이면 나의 앞날을 축복해줄 수 있는 단어라면 더 좋을 것 같다.

'나눙'이라는 닉네임은 고민 끝에 '빛나는 나현쌤'을 줄여서 '빛쌤'이 되었다. 빛날'현'이라는 이름의 한자와 초등학교 교사이기에 선생님의 줄임말인 '쌤'을 넣어 '빛나는 나현쌤'이 된 거다. 반짝반짝 빛나는 그녀와 너무 잘 어울리는 닉네임! 많은 사람들이 그녀를 보며 입을 모아 너무 예쁘게 빛난다고 이야기해준다.

구체적으로 기획하기

　모든 단계에서 가장 어려운 '아이템'을 정했다면 이제 구체적으로 어떻게 수익으로 연결할 건지 '기획'을 해야 한다. 그동안 만난 사이드잡러들의 유형과 특징을 대략적으로 참고할 수 있도록 정리해보면 다음 표와 같다.

　다만, 내가 만난 사람들은 이 유형 중 한 종류만 하는 경우는 드물었고 여러 개 유형을 섞어서 상품을 만들고 있다. 참고로 나의 블로그 프로그램은 '강의 + 코칭 + 의지 프로그램'이 결합된 케이스다.

적절한 모델이 없다고 걱정하지 않아도 된다. 요즘은 창업을 하듯이 나의 직업을 만드는 시대이니까!

어떤 유형이 더 훌륭하고 수익률이 더 높은지는 중요하지 않다. 나의 아이템과 얼마나 어울리는지 내 성격과 잘 맞는지를 기준으로 참고하면 좋을 것 같다.

강의	• 사람들을 모객하여 전문 분야에 대한 노하우 전달 • 노하우의 성격, 모객 수준에 따라 인원수를 구성 • 오프라인, 온라인, VOD 녹화파일 제공 등 진행 방식은 다양
컨설팅 코칭	• 고객이 가진 명확한 문제에 대해 일대일 혹은 소그룹으로 문제 해결 • 컨설팅은 명확한 솔루션을 제시하는 것이고 코칭은 고객이 답을 찾아갈 수 있도록 질문하고 가이드를 제공하는 역할
프로그램	• 다이어트, 블로그 키우기 등 여러 명이 함께할 때 시너지가 나는 경우 일정 기간을 정해 프로그램을 운영. 공동의 목표에 대해 인증을 하며 서로를 독려하고 의지를 다지기 위한 미션 보증금을 걸고 진행
외주업무 대행	• 콘텐츠 제작, 개발, 디자인, 사진 촬영 등 전문성을 가진 업무를 다른 사업체에게 의뢰를 받아 수행 • 지인들의 소개나 크몽과 같은 재능 마켓 플랫폼을 통해 이루어짐
SNS 채널 수익화	• 헤어샵, 네일샵, 호텔, 레스토랑 등 체험단과 리뷰단의 범위는 상상 이상. 생활비를 세이브 할 수 있고 상대적으로 쉽게 도전할 수 있어 매력적임
판매	• 스토어의 경우 재고 부담이 없는 위탁 판매 시스템 덕분에 많은 직장인들이 도전
투자	• 주인이 없어도 운영되는 오프라인 오토 매장에 투자하거나 주식, 부동산, 쉐어하우스 등에 투자

비슷한 아이템을 가진 사람들(잠재적 파트너 내지 라이벌)은 어떻게 운영을 하는지 벤치마킹이 필요하다. 이때 주의할 점은 절대 움츠러들지 말라는 것! 다른 사람의 공지 게시글이나 그들의 후기를 보고 있노라면 내가 절대 이길 수 없을 것 같은 마음이 든다. 잊지 말자! 그들은 이미 여러 번 진행한 숙련자이고 어느 정도 잘하는 사람들이기에 당신이 벤치마킹을 하는 것이라는 걸.

그냥 '이런 커리큘럼을 가지고 이렇게 운영하는구나'라는 걸 학습하는 차원으로 벤치마킹하자. 물론 수업을 한 번쯤 들어보는 것도 좋다. 내가 아는 것과 가르쳐주는 것은 다를 수 있다. 다만 계속 강의만 듣는 우를 범하지는 않았으면 좋겠다.

처음 블로그 강의를 준비할 때, 네이버 검색창에 '블로그 기초' '블로그 초보탈출' 등 유사한 키워드로 검색하며 다른 사람들은 어떤 컨셉으로 강의를 하는지 찾아보면서 나의 프로그램을 만들었다. 당시 내 눈에 보기엔 열 명 중 한 명은 블로그 강사 같았다. 그러다 문득 '현업' 마케터로 차별성을 주면 어떨까 하는 생각이 번뜩 들었다. '현직 마케터가 알려주는 블로그 강의' 컨셉이었고 단순 상위에 노출되는 블로그가 아니라 나의 색깔을 담은 블로그 만드는 수업을 기획했다.

판매하는 것들의 본질은 비슷할 수 있다. 다만 내가 어떤 차별성을 가지고 있고 그걸 홍보 포인트로 쓰는지에 따라 결과가 달라진다. 그리고 당장 모객이 안 되더라도 내 수업의 정체성을 찾아주는 역할을 할 수 있다. 나는 사람들과 만나는데 두려움이 없을 뿐더러 즐기는 편이기에 강의를 선택했지만 개인의 성격에 따라 아이템을 찾고 차별성을 만들면 좋다. 그 차별된 지점을 최적화하기 위한 방식이 어떤 것이 있을지 고민해보면 된다.

남다른 삶을 원한다면 선택 가능한 두 가지 길이 있다. 첫째, 특정한 분야에서 최고가 되는 것. 둘째, 두 가지 이상의 일에서 매우 뛰어난 능력을 발휘하는 것.

팀 페리스의 《타이탄의 도구들》에 나오는 가장 기억에 남는 문장이다. 그는 누구나 일정한 노력을 기울이면 상위 25퍼센트까지는 올라갈 수 있는 분야가 두 개 정도는 있으며, 이걸 조합하면 1등을, 천재를 이길 수 있다고 조언한다.

커머스 회사에 다니는 디자이너가 알려주는 카드 뉴스 디자인, 에디터 출신이 알려주는 브런치 글쓰기, 10년 뜨개질 덕후의 뜨개 인형 만들기… 나의 어떤 특징과 결합하면 세상에 하나뿐인 상품이 탄생할 수 있다. 당신이 배워서라도 잘할 수 있는 분야는 무엇인가.

초기 검토 항목 예시 〰〰

1. 내가 할 수 있는 아이템
2. 비슷한 아이템 벤치마킹 : 이 중 차용할 만한 것은 무엇인가?
3. 내가 진행할 때 차별성(장점)
4. 나의 약점은? 극복할 수 있는 방법은 무엇인가?
5. 현재 내가 하는 것들과의 연관성
6. 부족한 부분은 배워서 극복하거나 채워줄 사람이 있는가?
7. 장기적으로 내가 하고 싶은 것과 일치하는가?

SNS 채널을 통해 미리 콘텐츠 쌓아두기

아이템을 정했다면, '내가 그 분야에 관심을 가지고 있는 전문가'임을 계속 세상에 알려야 한다. 많은 사람들이 보는 것에 의의가 있는 건 아니다. 어차피 초보의 계정은 노출이 잘 되지 않기에 방문자가 거의 없을 가능성이 높다. 우선은 내가 가진 SNS 채널에 지속적으로 업데이트해야 한다.

나는 새로운 관심사가 생기면 나의 SNS 채널에 관련된 정보를 지속적으로 올린다. 이유는 크게 두 가지인데 첫 번째는 내가 좀 더 책임감 있게 학습을 하기 위함이다. 혼자 책을 읽는 것과 누군가에게 알려준다는 생각으로 하는 공부는 수준이 다르다. 후자가 훨씬 밀도 있게 찾아보고 학습을 하게 된다는 건 누구나 다 아는 사실일 것이다.

두 번째는 내가 이 분야에 관심이 있다는 것을 사람들에게 알리는 용도다. '저 사람이 샐러드 만드는 것에 관심을 가지고 있구나'라고 느낄 수 있도록 자연스럽게 분위기를 만들어가는 거다. 이렇게 몇 개월을 공부하며 콘텐츠를 업데이트 하다 보면 나 스스로 전문가가 되기도 한다. 또 내가 후에 관련된 프로그램을 운영하거나 물건을 팔았을 때 사람들에게 신뢰감을 주기도 수월하다.

나의 첫 번째 주제는 네이버 블로그 사용법에 대한 것이었다. 블로그에 대한 걸 검색하는 사람은 아무래도 이 분야에 관심이 있는 사람일 것이고 초보일 가능성이 높다고 생각했다. 앞으로 블로그 강의를 하고 싶었기 때문에 블로그 초보들을 유입시키고자 관련 콘텐츠를 업데이트 했다. 주 콘텐츠가 유튜브라면 유튜브에 대한 이야기를, 다이어트 코치를 하고 싶다면 다양한 운동과 식이요법 정보를 업로드 하며 나의 잠재 고객을 확보해두면 좋다.

꾸준히 포스팅을 하는 이유는 검색을 통해 잠재 고객을 찾기 위함도 있지만 '내가 이 분야에 대해 이렇게 많은 걸 알고 있는 사람'이라는 신뢰감을 주기 위함이다. 당장 검색이 되지 않아도 이렇게 쌓아둔 콘텐츠는 나중에 무엇과도 바꿀 수 없는 자산이 된다. 생각해보라. 누군가에게 무엇을 배우려 검색했더니 그 사람의 SNS 채널이 아예 없거나 주력 주제와 다른 엉뚱한 정보들만 가득하다면 그 사람의 전문성에 의문을 갖게 되지 않겠는가?

굉장히 유명한 사람이라면 이런 걸 할 필요가 없다. 이미 유명한 그 사람이 무엇을 좋아하고 잘하는지 개인 채널이 아니어도 알 수 있는 방법은 많다. 하지만 우리는 유명하지도 않고 이제 시작하는 단계이니 꼭 필요하다.

SNS 채널은 어떤 것도 상관없지만 본인이 하고자 하는 콘텐츠와 어울리는 채널을 선택해야 한다. 보통은 네이버 블로그를 기본으로 운영하면서 유튜브 또는 인스타그램을 추가로 운영한다. 아무리 유튜브가 대세라고 하지만 아직 네이버 검색 비중이 80% 이상을 차지하고 있기 때문에 네이버 블로그는 꼭 운영하길 바란다.

주제를 정했으면, 다음으로 어떤 내용들을 업데이트 해야 할까? 사실 왕도는 없다. 내가 알려주고 싶은 이야기들을 진솔하게 적으면 된다. 글을 잘 못 쓴다고 걱정할 필요 없다. 대신 일기가 아니라 정보성 글을 적어야 한다. 일기는 조금 더 유명해진 뒤에 적자. 당장은 '사람들이 궁금해할 것 같은' 정보를 적으면 좋다. 그래야 읽는 사람들에게 신뢰감이 쌓이고 검색 등을 통해 유입시키기도 좋다.

그 다음은 '사람들이 많이 물어보는 것'을 쓰면 된다. 나의 경우 블로그에 대해 사람들이 나에게 물어보는 것, 혹은 다른 카페나 지식인 같은 서비스에서 물어보는 질문들을 우선적으로 업데이트 했다. 그리고 하루에 한 개씩 꾸준히 올렸다. 사실 사람들이 물어보는 건 거의 비슷하다. 그 부분에 내 생각을 녹여서 작성하면 된다.

그리고 또 하나! 그 분야에 대한 새로운 소식을 적어주면 좋다. 유튜브에 새로운 기능이 추가되었다든지 정책이 바뀌었다든지. 이런 정보는 바로 업데이트 해주는 게 좋다. 여기에 바뀐 내용이 어떤 의미를 갖는지를 알려주면 더욱 굿!

이렇게 끊임없이 촉각을 세우며 SNS 채널을 운영하다 보면 자연스러운 홍보와 나의 글쓰기 실력도 함께 향상된 다는 걸 느낄 수 있다. 그리고 언젠가 나의 포지셔닝이 조금씩 업 된다는 게 몸으로 느껴지는 순간이 온다.

하나 유의할 것이 있다. '사과'의 생김새와 효능은 누구에게나 동일하다. 하지만 그걸 똑같이 쓰면 콘텐츠의 매력이 없을 뿐더러 누군가가 적은 것을 유사하게 카피할 경우 저작권 문제로 곤란한 일이 생길 수도 있다. 같은 효능을 가진 사과이지만 이 '사과'가 나에게 어떤 의미인지, 왜 이걸 추천하는지 등등 본인의 색을 녹여 본인만의 구성으로 작성해야 한다.

이 과정이 물론 쉽지만은 않다. 방문자의 반응도 없다면 마치 허공에 대고 혼자 계속 말하고 있는 것 같은 허무함을 느끼게 되는 순간이 올 수도 있다. 하지만 그런 인고의 시간을 견뎌야 한다. 인내의 시간을 견딜 수 있도록 해주는 존재가 랜선 이웃, 디지털 인맥들이다. 오프라인의 선배, 동료, 친구들이 있듯이 온라인 세상에도 지인들이 생기게 마련이다. 비슷한 관심사를 가진 사람들에게 먼저

다가가고 소통을 하다 보면 매일 보는 사람만큼 많은 감정을 나눌 수 있다.

나는 2020년 8월 현재 블로그는 4,700여 명 이웃, 인스타그램은 1,700여 명의 팔로우를 가지고 있다. 물론 모두와 소통을 하는 건 아니지만 이 중에는 1년 넘게 소통하며 고민을 나누고 협업을 도모하는 사람들이 있다. 이들과의 관계도 처음 시작은 게시물 하나였고, 댓글 한 개부터 출발했다.

SNS 채널 글쓰기 〰
- 내가 하고 싶은 말 보다는 상대방이 궁금해할 것 같은 콘텐츠
- 사람들이 많이 물어봤던 것들을 먼저 작성하기
- 다른 사람의 콘텐츠는 참고는 하되 나의 관점을 녹여 글쓰기
- 초보시절엔 일기보다는 무조건 정보성 콘텐츠!
- 네이버 블로그는 무조건 하기!

나를 진정성 있게 팔아보기

"지난 프로젝트에서 저의 기여도는 약 80%이고, 외주사가 역할을 못해 힘들었지만 올해 가장 높은 매출을 기록했습니다. 광고주의 만족도 상당히 높았죠."

이렇게 과장하고 다른 사람을 은근히 깎아내리면서 자기를 빛낼 수 있을까? 자기 PR을 잘하는 사람을 보면 신기하고 부럽기도 하다. 저걸 듣고 있는 사람은 과연 정말 믿기는 하는 걸까?

사회 초년생부터 한 회사를 13년 정도 다녔기에 이직을 위해 내가 했던 업무를 특별히 포장해봤던 기억이 없다. 또 조용히 자기 일을 하면 알아준다는 잘못된 믿음 탓인지 특별히 누군가에게 나를 어필하고자 하는 욕구도 없었다. 다만 업무에서는 조금 달랐다. 나의 주요 업무는 콘텐츠를 제작하고 이를 마케팅하는 것이다. 우리 회사가 만든 콘텐츠들이 얼마나 훌륭한지 이야기한다. 우리가 당신들의 콘텐츠를 제작하면 어떤 효과를 낼 수 있는지 타당한 근거를 가지고 들이대는 것이 나의 역할이다. 어찌 보면 영업의 최전선 가까이에 있었지만 나를 팔아보지는 못했다. 그냥 남의 것(회사)만을 열심히 팔았을 뿐이다.

사이드잡을 결심했다면 사람들에게 나를 보여주어야 한다. 조금은 쑥스럽지만 회사 이외의 무언가를 추구한다면 꼭 필요한 부분이다. 이유는 아주 단순하다. 내가 나를 드러내지 않는다면, 사람들이 나를 알 수 없고 선택할 수 없기 때문이다.

어쩌면 이 부분에서 '나는 부끄러워서 못 하겠다'라고 포기하려는 사람이 있을 것 같다. 앞서서 걱정할 필요 없다. 나를 드러내고 홍보를 해보면 해볼수록 자연스럽게 조금씩 뻔뻔함이 늘어난다. 또 사이드잡의 경력이 쌓일수록, 나의 편이 점점 많아질수록, 나를 대신해 나의 이야기를 해주는 사람들도 늘어나기 때문에 점점 수월해진다.

1년 여를 운영한 나 역시 아직 쑥스러운 마음이 든다. 짧지 않은 직장 생활을 하면서 본인의 장점을 심하게 자랑하면 건방지다며 비난 받는 것들을 많이 보았고, 괜히 오버하다 사람들의 미움을 사는 건 한순간이라는 걸 누구보다 잘 알고 있다. 좀 더 나서고 싶다가도 이러한 여러 가지 생각이 들어 그냥 그만두는 경우도 많다.

이런 부끄러움이 있는 나에게 개인 SNS 채널은 나의 진정성을 보여줄 수 있는 최고의 플랫폼이다. 거짓으로 처음 몇 명을 홀리고 잘 나갈 순 있지만 롱런하기는 힘들다. 어차피 우리는 단기 수익이 아닌 길게 파이프라인을 만들려는 목적을 가진 사람들이지 않은가? 필요한 정보를 꾸준히 업데이트 하라는 이유는 이런 진정성을 보여주기 위함이다.

특히 초보 시절에는 한 사람 한 사람에게 최선을 다하면 좋겠다. 글을 쓰면 생각보다 많은 질문과 공감 댓글이 올라온다. 나는 그것들 모두 내 공부라고 생각하고 하나하나 댓글을 달며 정보와 마음을 나눴다. 이조차 어느 순간이 지나면 버거워져 할 수 없는 시점이 오지만 처음엔 이 부분에 시간을 할애해야 한다. 그렇게 사람들의 고민을 해결해주면서 나의 경험을 쌓고 나의 사람을 만들어가라고 이야기하고 싶다.

사실 비슷한 정보성 포스팅은 많다. 다만 나는 이 주제를 '왜' 포스팅 하는지 어떤 도움이 되었는지를 이야기하면서 나의 흔적을 남기고자 노력했다. 또 정보성 글 뿐 아니라 나의 일상과 나만의 생각을 담은 글을 써서 인간적인 모습도 보여주고 싶었다. 이런 내용을 쓰면서도 어떤 강력한 힘이 발휘될 거라는 생각은 못했다. 나를 보여주며 신뢰를 주고자 또 어떤 날은 글감이 없어서 그냥 남겼을 뿐이다. 그러나 꾸준히 하니 계속 지켜봐주는 사람들이 생겼고, 응원해주는 사람들이 생겼다.

누구나 시작은 미약하다. 블로그 수업을 시작할 때, 생애 처음 유료 강의를 하는 거라고 고백을 했다. 그럼에도 십여 명이 모객이 되었다. 참 신기했다. 사람들은 강의 경력이 많은 전문가를 선호한다고 생각했었다. 그런데 아니었다. 어차피 본인들은 왕초보이기에 초보 강사에게 배워도 전혀 상관이 없다고 했다. 그냥 현재 마케팅을 하는 사람에게 블로그 마케팅을 배우고 싶다고 했다. 나의 진심이 통한 순간이었다.

인스타그램 프로그램을 시작할 때도 비슷했다. 인스타그램 프로그램을 만든 이유는 내가 좀 더 배우고 싶고 키우기 위해서였다. 그동안 인스타의 기능과 마케팅에 대해 계속 포스팅을 해왔기 때문에 사람들은 내가 인스타에 관심이 있음을 알고 있었다. 또 인스타가 생각보다 금세 커지지 않음을 고민하고 있다는 것도 알고 있었다.

'저는 인스타를 잘하지 못하고 팔로우가 많지도 않습니다. 인스타그램에 대한 자세한 피드백은 몰라서 못 드립니다. 대신 기능에 대한 부분은 잘 알고 있으니 알려드리겠습니다. 인스타그램 기능 뿐 아니라 제가 네이버 블로그를 잘하니 네이버 블로그와 비교해서 설명해드리겠습니다. 저랑 같이 공부하실 분, 같이 키워보실 분 신청해주세요.'

대박이었다. 물론 온라인이었고 상대적으로 강의료를 저렴하게 책정했기 때문에 가능했지만 생각보다 많은 분들이 신청해주셨고 함께하고 있다. 이는 지난 1년 가까운 시간 동안 내가 노력한 것들이 통했다는 것을 의미한다. 나와 함께해준 모든 분들에게 진심으로 감사를 드린다.

얼굴 오픈 꼭 해야 할까? 〰〰〰

SNS에서 신뢰성을 보이는 가장 좋은 방법은 바로 나의 얼굴을 오픈하여 끊임없이 노출을 하는 것이다. 눈에 익은 누군가의 아이가 점점 귀여워 보이는 것과 비슷한 느낌이다. 누군가의 눈에 익으면 내가 점점 믿음직스러워 보이는 건 인지상정이다. 하지만 얼굴 오픈에 대해 너무 부담은 갖지 말길 바란다. 유튜브를 보아도 사이드잡으로 운영하시는 분들은 가면을 쓰기도 하고 음성으로만 진행하는 경우도 있다. 이 부분은 본인이 내킬 때 실행해도 무방하다!

사이드잡 운영하기

모든 파이프라인이 부를 불러오지는 못한다. 지금도 계속 확장을 고민하고, 어떻게 하면 '조금 더 내가 신경을 덜 쓸 수 있을까?'를 생각한다.

나의 현재 파이프라인을 정리하면 다음과 같다.

1. 네이버 블로그 강의＋코칭 : 오프라인 강의와 4주간 함께 블로그를 운영하고 그에 대한 코칭(피드백) 제공
2. 인스타그램 친해지기 프로그램 : 녹화된 영상 제공과 서로의 인스타그램을 팔로우 하며 함께 인스타그램

을 키움

3. 전자책 발행 : 전자책 함께 만드는 프로젝트를 운영하는 분과 협업하여 전자책 콘텐츠에 대한 컨설팅을 별도로 진행 중

4. 외주 콘텐츠 제작 : 라이프 콘텐츠, 인터뷰 등 전문 콘텐츠 제작에 대한 의뢰가 들어오는 경우 진행

5. 체험단 : 여행, 뷰티 등 필요한 제품(또는 서비스) 위주로 경험하고 그 후기를 SNS 채널에 남기는 방식으로 진행

6. 소소한 광고 수익들 : 네이버 애드포스트, 쿠팡 파트너스, 유튜브 애드센스

한정된 시간을 활용하다 보니 가급적이면 다음과 같은 기준으로 진행했다.

1. 스스로 시간을 조절할 수 있는 일 : 강의나 컨설팅은 기본적으로 내가 시간을 정하여 운영할 수 있고 콘텐츠 제작도 내가 편한 시간에 작업한 뒤 마감일정만 맞추는 방식으로 진행

2. 하나의 주제를 두 가지 이상으로 활용 : 블로그 강의 교재를 전자책으로 발행, 한 번 제대로 익혀둔 SNS 노하우를 블로그, 인스타그램 수업에 모두 활용

나의 아이템을 찾아 차별성을 부여했다면 우리에게 필요한 건 이제 실행력, 즉 수익으로 연결하는 과정이 필요하다. 사실 앞의 과정들은 그냥 준비단계 내지 탐험의 과정이지 사이드잡이라고 할 순 없다. 지금까지 학습의 수준이었다면, 이제부터 작게라도 수익이 발행해야 진정한 사이드잡으로 인정받을 수 있다. 앉아 있던 자리에서 일어나 시작할 용기가 필요하다는 말!

본격적으로 시작을 하게 되면 '각오했던 것보다 신경 쓸 것이 많다'는 것에 놀라게 될 것이다. 아무리 준비를 했어도 나의 미숙함에 대해 당황스러운 순간이 한두 번이 아니다. 기존에 살던 대로 편하게 살고만 싶던 나는 또 생각을 하게 된다. '이거 안 해도 되잖아, 차라리 이 시간에 쉬는 게 낫지 않을까?' 이런 못난이 같은 생각이 하루에도 몇 번씩 올라온다. 하지만 이건 당연한 거다. 처음부터 끝까지 올곧이 혼자 처리했던 경험이 없으니 당연히 미숙할

수밖에 없다. 잊지 말자! 누구나 시작은 아주 미약하다.

SNS를 통해서 세상에 나를 드러낸 것이 불특정 다수에게 나를 보여준 것이라면 실제 프로그램 운영을 하면서는 특정인들과의 관계가 시작된다. 심지어 나에게 비용과 시간을 투자해준 고마운 사람들! 이제부터 마인드를 단단하게 가져야만 한다. 이전의 과정들은 나 혼자 하면 되지만 지금부터는 '고객'과 함께다. 그동안은 적당히 뒤로 숨어 있을 수 있었다면 이젠 '주도'하며 나의 고객들을 끌고 나아가야 한다.

요즘 나는 처음 강의하는 사람들에게 화상회의 플랫폼인 줌(zoom) 사용법을 알려줄 정도로 꽤 능숙하게 다룰 수 있다. 그럴 수밖에 없는 것이 지난 1년간 여러 차례 주최도 했고 참여도 했기 때문이다. 처음 진행할 때는 갑자기 오디오가 먹통이 되어 수업을 중단하기도 했다. 강의 자료 공유가 제대로 되지 않아 한참 이야기를 하던 중에 듣고 있던 사람에게 전화가 오기도 했다.

누군가는 첫 번째 수업이 끝난 뒤에 '먼지가 되어 사라지고 싶다'고 고백을 하기도 한다. 당연한 이야기다. 처음엔 너무 떨리고 정신이 없어서 내가 무슨 말을 하고 있는 건지 모를 지경이 되기도 한다. 겁을 주기 위한 이야기가 아니다. 누구나 처음에는 그러하니 시행착오가 있더라도 주눅 들지 말고 크고 작은 실수들을 보완해가며 진행하면 된다는 말을 하고 싶다.

여러 종류의 도전을 해봤던 나도 강의를 하기 전엔 아직도 떨린다. 이번엔 어떤 사람들과 함께 할지, 어떤 고민을 가진 사람들과 소통하며 나아가야 할지 걱정이 앞선다. 베테랑 강사들도 동일한 프로그램을 반복해가며 완성도를 보완해 나간다고 한다. 그러면 초보인 우리들은 더 열심히 수정 반복해야 하지 않을까?

물론 매끈하게 운영하는 사람에게 조언을 요청하며 내 것으로 만들어 좀 더 세련되게 구성할 수는 있겠지만 처음의 어설픔은 피할 수 없다. 그 부분은 반드시 본인이 직접 겪고 수습하며 성장해 나가야 한다. 그래야 오롯이 내 것이 될 수 있다.

그럼에도 처음의 시작이 두렵다면, 조심스럽게 무료 강의를 개설해볼 것을 추천한다. 이때 유의할 점은 무료로 콘텐츠를 제공하면 사람들이 그걸 당연하게 받아들일 가능성이 있다는 점. 또 유료 결제할 사람도 무료 강의로 만족해버릴 수 있기 때문에 한 번 더 생각해봐야 한다. 무료 강의를 하기로 결정했다면 후기를 제공할 것을 전제로 인원수를 소수로 한정하거나, 커리큘럼의 일부만 무료로 제공하고 이후 정보를 유료로 판매하는 방법도 고려해보는 것이 좋다.

두 번째는 첫 번째 강의 수강자에 한해 할인된 금액으로 제공하는 방법이 일반적이다. 예를 들면 본래 5만원짜리인데 특별히 2만원이라고 공지하는 것! 초보의 강의라 어설플 수 있음을 충분히 고지하고 할인된 가격으로 진행한다고 하면, 대부분 너그러운 마음을 가진 사람들이 신청한다. 나온 피드백들을 커리큘럼과 운영에 반영하여 가격을 올리면 된다. 단, 단순 금액의 상향 조정이 아니라 프로그램의 가치를 계속 상승시키면서 금액도 함께 올려야 한다.

모두에게 시간과 돈은 굉장히 소중하다. 그 소중한 것들을 나에게 제공해준 고마운 그들에게 어떤 가치를 줄 수 있을지 끊임없이 고민해야 한다. 불편했던 점은 없었을지, 내가 보완해야할 점은 무엇일지 끊임없이 묻고 생각해야 한다. 한 번의 인연으로 끝내는 관계가 아니라 그들과 함께 가치를 만들어가야 한다. 그래야 서로 성장하며 계속 시너지를 낼 수 있음을 잊지 말자.

그리고 명심할 한 가지! 사람들은 내 앞에서 대부분 좋은 이야기만 한다. 맛없는 음식점에 가서 식사했을 때를 생각해보면 된다. 음식점 주인에게 "음식이 너무 맛이 없었고 그래서 다시 오지 않을 예정"이라고 면전에서 평가하는 사람은 없다. 그냥 그 가게는 안 가면 되지 굳이 나쁜 사람이 되어가며 불평불만을 표현할 필요가 없다. 강의든 판매든 마찬가지다. 불만족한 고객은 절대 이야기해주지 않는다. (오히려 진심으로 아끼는 사람들이 아픈 이야기를 해준다) 좋은 이야기를 들었다고 우쭐할 필요도 없고 부정적인 평가를 들었다고 움츠러들 필요도 없다. 잘 살피되 '내 기준을 바탕으로 어떤 가치를 부여할까'의 관점으로 계속 업데이트 하면 된다.

경험보다 강력한 것은 없다. 경험이 쌓일수록 점점 능숙해지는 나를 발견하게 될 것이다. 매출 규모로 누군가와 비교를 할 필요도 없다. 특히 이 생활을 몇 년 이상 한 사람과 비교하며 그만둘까를 고민하는 못난 행동은 절대 하지 말자. 후기가 담긴 SNS를 보면 하나같이 얼마나 훌륭하고 잘났는지 우울증 걸리기 딱 좋다. 나 역시 아직도 쉽지 않다. 이런 날이면 밤마다 일기에 적는다.

부족한 부분에 집중하지 말자.
나는 가진 게 너~무 많다.
내가 가진 귀한 것들과 귀한 사람에게 감사하자!
그리고 집중하자.

강의/프로그램 운영시 시행착오를 줄이는 방법 ∼∼∼
1. 한정된 인원 혹은 일부의 내용으로 무료 강의해보기
2. 할인된 금액으로 진행하고 가치가 업데이트 되는 만큼 금액 올리기
3. 용감하게 받고 싶은 금액으로 쭉~ 강의하며 경험 쌓기

가장 중요한 사후 관리

이제 한 로드맵이 모두 끝났다! 아, 벌써 끝이야? 하는 분이 계실 수도 있다. 그런데 어찌 보면 사이드잡을 만들어가는 과정은 정말 단순하다. 무언가를 하겠다고 결심하고 작은 시작을 만들어가는 과정이 가장 어렵고 시간이 오래 걸리는 일이다.

콘텐츠를 쌓고 모객을 하는 등의 모든 로드맵 하나하나가 필요하지만 무엇보다 중요한 것은 사후 관리다. 사이드머니를 버는 것만큼 이 과정을 통해 얻어진 인맥들은 상상 이상의 가치를 가져다준다. 이런 인연을 유지하기 위해 사후 관리에 신경을 써야 한다.

　요즘 강의나 프로그램을 개설하는 경우 카카오톡 오픈 채팅방을 만들어 소통을 한다. 강의를 위한 공지사항을 일일이 수강생들에게 알려주기 어려울 뿐더러 이메일을 보내도 읽지 않는 사람들이 많기 때문이다. 본격적으로 강의를 시작하기 전에 그들과 친해지기 위한 목적도 있다. 강사와 수강생만 친해지는 게 아니다. 수강생끼리의 친밀도를 높이기 위해 노력하는 과정이다. 이렇게 미리 관계를 맺어두면 서로 시너지가 난다.

　여러 가지 편리함을 위해 만들어진 채팅방은 강의 이후의 관리가 핵심이다. 강사의 성격에 따라 쿨하게 몇월 몇일에 방폭(카카오톡 채팅방을 없애는 것)하는 경우가 있다. 이는 옳고 그름의 문제가 아니라, 운영하는 사람의 성격 차이에서 오는 다름이다. 최근 들어 디지털 디톡스가 필요한 사람들이 많고 이후 관리가 제대로 안 되는 경우가 많으므로 이런 결정도 응원한다.

　나는 강의나 프로그램이 종료되었다고 해도 채팅방을 바로 폐쇄하지는 않는다. 채팅방을 유지하며 그들이 실질적으로 실천할 수 있도록 독려, 피드백, 질문과 응답을 하는 곳으로 변신을 한다. 처음엔 어색하게 강사와 수강생으로 만났지만 채팅방에서의 소통으로 변화가 생긴다. 새로운 아이템을 얻기도 하고 돈독한 관계를 바탕으로 협업할 수 있는 기틀을 마련해가기도 한다.

이제는 블로그, 인스타그램 등의 수강생들을 통합해 양적으로 키워 커뮤니티로 성장하고 싶은 욕심이 생긴다. 그래서 꾸준히 작은 시도를 하고 있다. 강좌 개설이 사람을 모으는 계기가 되었다면 이후에는 다양한 사람들을 기반으로 성장할 수 있는 무언가를 찾으려 한다. 특별히 시간과 비용을 들여 수업을 듣는 사람들은 기본적으로 성장의 욕구가 강하다. 또 단순히 배움을 넘어 본인이 가진 재능을 나누어주고자 하는 선한 영향력을 가진 사람들이 많다는 것도 깨달았다.

현재는 미약하나마 커뮤니티를 추구하며 관계 유지에 신경쓰고 있는데 중간중간 의미있는 현상들이 보인다. 사람들은 조금 비싸더라도 신뢰 있는 멤버가 판매하는 상품들을 구매한다. 또 서로 무한 홍보를 해주는 것은 물론 커뮤니티 내에서는 추가 할인이나 체험 이벤트를 제공하는 사업주들도 생겨나고 있다. 어차피 혼자 성장할 수 있는 시대는 지났기에 사후 관리 커뮤니티를 통해 새롭게 재미있는 것들을 만들어보려고 한다.

사후 관리의 중요성은 비단 강의에만 해당되는 이야기는 아니다. 전자책 판매 시에도 구매자들을 대상으로 한 특강을 개최한다. 특강을 통해 한 번 더 설명해주며 궁금한 점을 해소해주는 것이다. 또 콘텐츠 제작을 진행한 경우엔 광고주들에게 자연스럽게 의견을 물으며 보완할 수도 있다. 특히 여러 회차에 걸쳐 진행할 경우엔 솔직한 의견을 묻고 최대한 반영하고자 한다. 처음엔 서로가 잘 이해되지 않아도 계속 의견을 나누다 보면 점점 나아지는 결과물을 느낄 수 있다. 최고의 퀄리티는 아니어도 본인들의 의견이 반영되어 개선되고 있다는 것을 보게 되면 누구라도 감동하지 않을 수 없다.

물론 이 과정은 생각보다 에너지가 상당히 많이 든다. 매일 울려대는 메시지 소리가 힘든 날도 가끔은 있다. 대답을 할 수 없는 상황인데 급하게 올라오는 메시지를 보며 나 혼자 애 태우던 날도 있었다. 멤버 간에 서운한 일이 생기기도 하며 이해가 상충되는 경우도 발생한다. 또 일일이 피드백을 하다 보면 내 개인 시간이 확보되지 않기도 한다. 그럼에도 불구하고 이 일을 계속 유지하는 이유는 무엇일까? 아마도 나의 에너지가 들어가는 만큼 사람들로부터 오는 긍정적인 반응이 좋기 때문일 것이다. 그들에게 감사 인사를 받을 때의 뿌듯함은 말로 다 표현할 수가 없다. 그래서 나는 오늘도 최선을 다한다.

마이크로소프트 이소영 이사의 책《홀로 성장하는 시대는 끝났다》를 보면 이 세상은 더 이상 '홀로 똑똑이'를 원하지 않는다는 말이 나온다. 많은 사람들이 인맥의 중요성을 알지만 학연, 지연 네트워크는 과거에나 통했던 방법이다. 부담 없이 인맥을 넓히기 위해서 이제는 커뮤니티 활동을 해야 한다. 이를 위해 내가 관심 있는 분야의 사람들과 인연을 쌓으면서 오랫동안 가치를 발휘하는 네트워크로 키워 나가며 함께 공부하고 선한 목표를 달성하는 것이 중요하다고 이야기한다. 이소영 이사의 강력한 네트워크의 힘에 동의한다. 그렇기 때문에 조금 피곤해도, 힘들어도 함께 성장하기 위한 멤버들을 찾고 있다.

그동안 짧지 않은 사회생활을 하면서 만난 사람들은 비슷한 규격의 사람들이었다. 하는 일은 조금씩 다르지만 대부분 대학교 졸업 이후부터 직장을 다니고 있고 비슷한 규모의 회사, 비슷한 재산 정도, 비슷한 또래, 그리고 비슷한 고민과 불만들을 지니고 있었다.

그러나 온라인을 통해서 만나는 사람들은 많이 다르다. 작가, 자영업자, 직장을 다니며 1인 사업을 꿈꾸는 사람들, 학원원장님, 새로운 도전을 준비하는 엄마들까지… 직업은 다양하지만 조금 더 변해보고자 노력하는 공통점을 가진 사람들이다. 스스로의 힘으로 무언가에 도전하여 성취해보겠다는 의지를 가진 사람들이 대부분이다.

연령대는 또 어떠한가? 어떻게 벌써부터 깨달았을까 싶은 30대 초반부터 인생의 대선배이신 60대 대표님들까지… 기존에 내가 만났던 오프라인의 인연들과 달라도 너무 달랐다. 그들은 나에게 인사이트를 준다. 그리고 새로운 기회를 준다. 이렇게 모인 사람들은 네트워크 그 이상이다. 나는 세대를 넘나들며 그들의 눈을 통해 세상을 바라볼 새로운 기회를 얻은 셈이다. 내가 사이드잡러로서 얻은 유무형의 가치는 실로 엄청나다.

사람을 모아두는 유용한 플랫폼 〰〰〰

• 네이버 카페
카페를 관리하고 잘 키우면 '온라인 건물주'라는 말이 생길 정도이니 관심을 가지고 볼 가치가 있는 플랫폼이다. 강의가 끝난 이후에도 지속적으로 커뮤니티를 유지할 수 있는 장점이 있다. 나는 네이버 블로그 강의를 하고 있기 때문에 네이버와의 연동성 등을 생각하여 네이버 카페를 활용한다. 카페를 통한 송금하기 기능을 통해 입금도 해줄 수 있고 편리하다. 한 번 올려둔 자료를 영구적으로 보관할 수 있고 DB로 활용할 수 있다는 장점이 있다.

• 카카오톡 오픈채팅방
강의/프로그램을 진행하는 동안 오픈채팅방을 통해 실시간 소통하는 공간으로 활용하면 좋다. 오픈 채팅방은 방장(운영자)이 개설한 뒤 링크를 전달해주면 된다. 오픈채팅방은 방장이 강퇴를 할 수 있고 필요시 부방장을 지정하여 관리할 수 있다. 외부인을 차단해야 하는 경우 비검색이나 참여코드를 넣어주면 좋다. 실시간 이야기를 주고받으며 멤버간 친목을 만들어가기에 최적의 플랫폼이지만 주고받는 대화나 질문들이 휘발성이 강해 나중에 찾아보기 어렵다는 단점이 있다.

• 네이버 밴드
멤버간 자료 공유 및 자료를 모아두는 용도가 필요하다면 네이버 밴드를 추천한다. 카페보다 기능이 단순해 활용이 쉽고 밴드 내 키워드를 생성할 수 있어 #마케팅, #브랜딩, #블로그… 내가 필요한 키워드로 정렬해 자료를 볼 수 있는 장점이 있다. 매일 인증할 수 있는 기능이 있어 목표달성이나 습관을 만들고자 하는 사람들이 활용하기에 좋다. 다른 플랫폼에 비해 이용자들의 서비스에 대한 친밀감이 떨어지는 점은 아쉽다.

성공 포인트 1 : 협업

어느 날, 전자책이 핫하다는 이야기를 듣고 '나도 해볼까?' 하는 생각이 들었다. 전자책의 존재를 알려준 사람의 이야기를 들으니 기본 자료를 가지고 있는 사람은 예상보다 쉽게 등록할 수 있다고 했다. 지금 대한민국은 정보의 바다이니 작정하고 검색한다면 일주일 안에 등록까지 할 수 있을 것 같았다. 게다가 나는 검색의 여왕 아닌가!

최근 전자책을 등록하고 거기에 꽂혀 있는 커뮤니티의 멤버가 떠올랐다. 전자책을 함께 만들면 어떻겠냐고 제안을 하며 사람들을 모아서 같이 듣고 싶다고 요청했다. 실행력이 좋은 그녀는 3일 만에 관리 프로세스를 만들고 모객까지 일사천리였다. 30여 명이 모였고 전자책 등록을 위한 여정을 시작했다. 나 혼자 했다면 더 빨랐을 수 있다. 하지만 나보다 몇 발자국 먼저 가본 사람에게 배우며 그 노하우를 배울 수 있다는 장점이 있다. 또 함께하는 30여 명의 케이스를 보면서 다양한 사례를 내 것으로 만들 수 있다. 나는 해봤자 기껏 온라인 마케팅에 대한 전자책 한 권이었겠지만 함께하는 다른 이들의 전자책 주제, 전자책 플랫폼에서 종종 비승인이 나는 사유까지 살펴볼 수 있었다. 초등학생 동시 교육, 가족 법인 만들기, 자세 교정까지… 다양한 소재와 사례를 만날 수 있는 기회였다.

전자책 프로그램을 통해 등록을 마친 뒤 나는 그녀에게 제안했다. 전자책 만드는 방법을 알려주는 사람은 많은데 어떤 콘텐츠를, 어떻게 홍보하면 좋은지도 함께 알려주는 차별성 있는 프로그램을 운영하면 어떻겠냐고. 그 부분을 해피스완과 함께 해보면 어떠냐고 말이다. 그녀의 승낙으로 콘텐츠에 대한 1:1 컨설팅을 하는 프리미엄 상품이 추가되었다. 전자책 프로그램의 주인인 그녀와 나는 서로 영역이 겹치지 않으며, 진정한 협업을 하고 있다.

인스타그램 프로그램은 녹화를 하여 수강생들에게 전달하는 방식으로 운영한다. 이때 작은 갈등이 시작되었다. 당시 쇼핑몰을 운영하는 초보 사장님들이 많이 참여했는데 인스타그램의 쇼핑관련 기능들을 꼭 알려주고 싶었다. 배워서 알려줄 수는 있지만 '내가 스토어를 직접 운영하는 것도 아니고 이런 기능을 통해 매출을 올려본 적이 없는데 알려줄 수 있을까' 하는 고민이 생겼다.

그래서 기존 수강생들 중에서 이런 부분을 알려줄 수 있는 사람들을 찾았고 노하우를 나눠달라고 부탁했다. 그들은 흔쾌히 자신들의 노하우를 풀어주었다. 예상대로 수강생들의 만족도가 높았다. 초반에는 수강생이 적어 실질적으로 나에게 남는 게 거의 없다시피 했다. 그때 무료로 재능을 기부해주는 고마운 사람들이 있었다.

그 후 어느 정도 안정된 뒤에는 나에게 도움을 준 분들에게 적게라도 감사 표시를 하려고 한다. 물론 괜찮다고 손사래를 치거나 어떻게든 돌려주려는 분들이 많다. 그분들이 돈 자체를 위해 재능을 주었다고 생각하지는 않는다. 언젠가 도움을 받았던 기억이 있으니 자신 역시 누군가에게 도움이 되고 싶은 것이다. 이미 함께 나누는 즐거움을 알아버렸기에 번거로워도 자신의 시간을 쪼개가며 참여하는 거다. 만약에 그들이 나에게 도움을 청한다면? 나 역시 '얼마 줄 건데요?'라고 묻지 않고 바로 달려갈 준비가 되어 있다. 나에게 도움을 준 사람들 하나하나 모두 가슴에 새겨두었다. 그들에게 나도 그런 사람이고 싶으니까 말이다.

어떤 걸 준비하다 보면 유난히 부족한 부분이 있다. 지식적인 부분은 학습하면 보강을 할 수 있다. 하지만 쇼핑몰이나 디자인처럼 절대적인 경험이 부족한 영역이 있다. 경험이 녹아 있지 않은 것을 순식간에 배워서 알려주는 건 거짓말 아닌 거짓말이라는 생각이 든다. 그래서 내가 하기에 애매한 부분이나 내가 잘할 수 있다고 생각하는 분야 이외의 것들은 모두 협업으로 진행하려고 한다. 시간도 많이 들고 어차피 내가 혼자 다 하기에는 무리가 따른다는 깨달음이 있었기 때문이다.

'혼자 가면 빨리 가고 같이 가면 멀리 간다'는 말, 많이 들어보았을 것이다. 사이드잡러로 살다 보면 식상한 느낌마저 드는 그 말이 진리 중의 진리임을 알게 된다.

나의 생각과 결이 비슷한 사람, 온라인 세상에서 오래 봐온 사람과의 협업이 좋다. 나도 그들도 해당 분야의 완전한 전문가는 아닐 수 있다. 하지만 조금 미숙해도 괜찮다. 조금 앞서가는 사람들의 경험과 노하우를 담는 것이 중요하다. 전문성? 그건 경험이 있는 사람들이 조금 더 학습한다면 보강될 수 있는 부분이라고 생각한다.

다만 이런 협업 시에 유의할 점이 있다. 나의 프로젝트이니 주도권은 내가 쥐고 있어야 한다. 함께 하나를 만드는 동업이 아니라 부족한 부분을 채워주는 협업이기 때문이다. 내가 지니고 있는 명확한 목적과 요구 사항을 정리할 필요가 있다. 그래야 함께 도움을 주는 사람이 부담을 덜 느끼고 내가 원하는 것을 정확하게 제공 받을 수 있다.

그리고 분야나 가진 역량의 수준이 과하게 겹치는 사람과의 협업은 피하라고 이야기하고 싶다. ('과하게'의 기준은 사람마다 다를 수 있다) 처음에는 모두 다 초보이고 좋은 마음으로 시작했는데 성장할수록 점점 영역이 오버랩되어 아쉽게 결별하는 사람들도 보았다.

친한 사람들과는 마음을 공유하며 식사 한 끼, 차 한잔을 함께하는 관계를 유지하면 된다. 친하다고 좋은 사람이라고 무작정 나의 프로젝트에 끌어들이는 행동은 한 번 더 생각해보는 것이 좋다. 협업은 나와 결이 맞는 사람 중 나의 2% 부족함을 완전하게 채워줄 수 있는 사람 중에서 선택해야 한다. 그래야 나 개인에게도 나의 수업을 듣는 사람들에게도 시너지가 날 수 있다.

커뮤니티 내 다양한 협업의 예시 〰〰〰

• 제품 출시 전 먼저 사용하고 블로그&인스타그램 후기를 받는 체험 이벤트 진행

- 나의 판매제품을 홍보하기 위해 인스타그램 리그램 이벤트 진행

- 커뮤니티 활동(꾸준히 인스타그램을 운영할 수 있도록) 사례:
  경품 이벤트 진행 (고급 비누 증정)

사이드잡으로 월급만큼
돈 버는 법

성공 포인트 2:
단단하게 피드백 & 후기 관리

"그렇게 해주다가 몸 상한다."

"선생님 힘드니까 이제 그만 좀 물어보자."

주변 사람들의 이런 걱정도 많이 들었다. 수시로 묻는 질문에 대답을 하면서 '내가 지금 제대로 하고 있는 걸까?' 라는 의심이 드는 날도 있었다. 하지만 급하고 간절한 질문을 모른 척할 수는 없었다. 특히나 초기에는 사소한 질문 하나하나까지 대부분 직접 대답해주어야 했다. 그러나 어느 정도 시간이 지나자 꼭 내가 아니어도 서로 알려주고 의견을 제시해주는 사람들이 늘어났다. 감사함과 뿌듯함을 동시에 느꼈다.

그와 함께 다른 사람의 성장을 통해 나를 증명하고 싶은 마음도 점점 자라났다. 비록 조금 늦게 시작했고 사이드잡이지만 나의 방식이 틀리지 않았음을 보여주고 싶었다. 또 최선을 다하고 있다는 것을 다른 사람들의 사례를 통해 보여주고 싶었는지도 모르겠다. '그들이 꼭 잘되기를 바라는 마음', '그래서 나와 인연 맺은 사람들이 다시 또 누군가에게 좋은 영향을 주길 바라는 마음' 그 마음들이 오늘도 나를 움직이는 힘이 되어준다.

내가 말로 수십 마디 하는 것보다 변하고 있는 나의 행동이, 나로 인해 발전된 사람들의 모습이 훨씬 호소력이 짙다는 믿음은 여전하다. 그리고 그들을 진심으로 돕는 것이 나의 성장으로 가는 길이라고 생각한다.

나의 피드백은 단순히 수업 내용에 머물지만은 않는다. 사업가들의 비즈니스 모델 고민, 엄마들의 성장을 위한 고민, 글쓰기 고민까지… 누구든 고민을 나누면 조금은 가벼워진다. 그렇게 잠깐이라도 짐을 나눠지는 역할을 피드백 속에서 하고 있다고 생각한다. 또 내가 모르는 부분이라면? 그 부분을 잘 아는 다른 사람을 찾아서 부탁하기도 하고 서로 연결될 수 있도록 소개해주기도 한다. 제공하는 것들은 사실 비슷할 수 있다. 다만 만족도는 강사나 판매자의 매력, 성의에 따라 크게 좌우된다고 생각한다. 나의 경우 다양한 질문에 대한 다양한 피드백이 사람들의 만족도를 조금이라도 올릴 수 있는 요소라 믿는다.

피드백 역시 직접 경험하면서 본인의 성격이나 콘텐츠에 따라 다를 수 있지만 몇 발자국 먼저 간 내가 생각하는 피드백 관리 기준은 다음과 같다. (다음 내용은 내가 잘하는 것도 있고 하고 싶은 것도 섞여 있다) 대신 피드백에 대한 규칙은 꼭 멤버간 공유가 이루어져야 한다. 사람들은 늦은 답변을 싫어하는 게 아니다. 그저 막연히 언제까지 기다려야 하는지 모를 때 그 답답함을 싫어하는 것이다.

피드백하는 시간 정해두기

사람들의 질문에 그때그때 대답해주다 보니 어느새 나는 5분 대기조가 되어 있었다. 초반엔 '무조건 즉시 대답'

이었는데 이런 생활이 지속되면서 나도 힘들고, 물어보는 사람도 가끔 부담스러워 했다. 이렇게 되면 아들한테 '우리 엄마는 카카오톡 중독자'라는 쓴소리를 들을 수밖에 없다. 하루 2회라든지 전날의 질문을 모아 다음날 아침 일괄 피드백을 하는 등 본인이 편한 방식을 선택하면 된다.

플랫폼 간 역할의 분리 고민해보기

오픈채팅방은 확실히 휘발성이 강하다. 질문 후 수십 개의 글이 올라오고 나면 내가 해준 대답을 과연 질문자가 확인할 수 있을까 하는 의문이 들기도 한다. 친목을 위한 수다는 오픈채팅방에서, 질문과 정보 공유는 네이버 카페를 만들어 활용하는 방법을 생각해보자. 분리했을 때의 장점은 카페에 질문을 올리면 나중에 DB화 되어 다른 사람들이 검색할 수 있다는 것이다. 단점은 카페라는 또 하나의 플랫폼을 배워야 한다는 것! 요즘은 카페도 파이프라인으로 생각하는 시대이니 겸사겸사 배우며 키워보는 것도 추천한다.

너~무 단순한 질문은 말아주세요

이 부분은 나이나 숙련도에 따라 조금 다를 수 있다. 가끔은 한 번만 검색해보면 쉽게 알 수 있는 아주 단순한 것들을 물어보는 분들이 계신다. 그래서 사전에 '포털사이트 검색 한 번만 해보시고 질문해주세요' 라고 조심스럽게 말씀을 드린다. 이렇게 안내를 하니 확실히 수업 및 사업 관련 질문으로 범위가 좁혀지는 경험을 했다.

이렇게 쌓은 만족도는 결국 추천으로

새로운 인연으로 연결되는 사람들을 보면 이미 스쳐갔던 누군가의 지인일 확률이 높다. 우리도 먼저 경험한 믿을 만한 누군가가 '진심을 담아 강력추천'한다면 흔들리지 않겠는가? 물론 반대의 경우도 있다. 구매하고 싶은데 지인의 '별로'라는 한마디에 무산될 수도 있다. 예전에 A라는 강사를 만나고 싶었는데 딱히 연결점을 찾을 수 없어 강의를 신청하려고 했다. 그런데 이미 들었던 누군가가 별로라며 여러 번 만류하여 접었던 기억이 있다. 한 명 한 명에게 최선을 다 해야 하는 이유다.

예를 들어 호텔을 가고 싶어 포털 사이트에 검색을 했다고 치자. 공식 블로그에 호텔측에서 올린 정보만 가득한 B 호텔과 다양한 사람들이 올린, 투박해도 긍정적인 후기가 가득한 C 호텔. 두 호텔 중 당신이라면 어디를 선택하겠는가? 대부분의 사람들이 C 호텔을 선택하지 않을까? 판매자가 백 번 말하는 것보다 실제 경험한 누군가의 몇 마디가 더 매력적인 법이다.

그래서 나는 꼭 이야기한다.

"강의에 만족했다고 저에게 커피 쿠폰 보내시며 돈 쓰지 마세요. 차라리 10분만 투자해서 다섯 줄이라도 후기를 남겨주세요."

후기를 쓰면 얼마 리워드를 주는 경우도 많이 있지만 나의 경우 후기만큼은 개인의 자율적인 판단의 영역으로 남겨두고 싶다.

성공 포인트 3: 나의 업무 확장

  매주 금요일, 내가 일주일 동안 한 일을 주간업무에 작성한다. 적다 보면 지난주의 업무 내용과 별반 다르지 않다. 다음 주 업무 계획도 다 비슷하다. 반복되는 나의 일이 단조로워서 지겹다는 생각이 들 때가 있다. 이미 충분히 익숙해졌고 변화가 없기 때문에 그렇다.

  홍보 마케팅이라는 일이 변화무쌍한 것 같지만 그것들을 업무로 처리하다 보면 프로세스가 거의 비슷하다. 많은 사람들이 가보고 싶어 하는 회사도 막상 업무 미팅을 할 때면 다른 곳들과 엇비슷하게 느껴진다. 일로써 만나서 처리하다 보니 그렇다.

그런데 내가 회사에서 활동하고 만들어내는 결과물들 하나하나가 나의 콘텐츠가 된다고 생각을 한 다음부터는 이야기가 달라졌다. 매일 커피숍을 돌며 하던 지루한 미팅도 모두 나에게 새로운 소재거리가 되었다. 과거엔 업무의 하나라고 생각하며 듣고 있던 이야기들이 이젠 돈 주고도 들을 수 없는 이야깃거리가 된 것이다. 이런 깨달음을 얻고 나니 평범했던 나의 일상이 무엇보다도 소중해졌다.

광고주들에게 전해들은 신상품과 앞으로의 전략은 새로운 아이템을 떠올려볼 기회가 되어준다. 이렇게 쌓인 이야기들을 바탕으로 다양한 수강생들에게 맞춤 피드백을 해주며 도움을 줄 때 보람을 느낀다. 그래서 '다양한 비즈니스 이야기를 할 수 있는 선생님'이라는 칭찬을 듣곤 한다. 자영업자부터 1인 사업을 준비하시는 분들까지 수익화를 목표로 나의 강의를 들으러 오시는 분들이 많아지고 있다. 또 이런 분들이 많아지니 당연히 비즈니스에 대한 이야기를 하게 되고 그분들을 통해 나 역시 실전 경험을 간접적으로 배운다.

이렇게 선순환 구조가 만들어져서 본업 자체에 대한 책임감이 한층 커지기 시작했다. 일을 하다 보면 어느새 나는 '회사'라는 이름 뒤로 숨어버리기 쉽다. 하지만 이제는 다르다. 사람들이 회사가 아닌 '나', 오로지 '윤소영' 개인을 바라보고 있을 거라는 생각에 이르면 무슨 일이든 대충대충 해치워버릴 수가 없다.

그래서 업무로 컨퍼런스 기획을 할 때도 최고의 콘텐츠와 연사로 구성을 하고 싶고 홍보에 대한 성과도 더 잘 내고 싶다. 그러려면 더 치열하게 공부하는 수밖에 없다. 그동안 업무의 성공은 단지 회사의 성공일 뿐이라는 생각이 지배적이었다. 업무 하나 잘했다고 나의 평가가 높아지고 갑작스러운 연봉인상으로 연결되지는 않았기 때문이다.

하지만 이젠 달라졌다. 회사의 성공인 동시에 나의 성공일 수 있는 것이다. 경험 하나하나가 쌓여 나의 자산이 된다. 사이드잡의 시작은 내게 회사 업무를 바라보는 긍정적 시선까지 갖게 해주었다. 이런 변화 덕분에 회사에서의 업무 성과도 예전보다 잘 나오고 있다.

다양한 일을 하다 보면 업무와 연관되어 새로운 제안이

오기도 한다. 나에게는 콘텐츠 제작이나 광고 대행에 대한 문의가 오는 편인데, 콘텐츠를 만드는 건 사람들이 짐작하는 것보다 더 많은 기획과 시간, 노력이 들어간다. 수량이 많아지면 혼자 하기 무리가 있을 뿐더러 내가 직접 할 수 없는 주제들도 많다.

필요한 경우 나는 전체 프로젝트 기획과 커뮤니케이션을 담당하고 외주 에디터가 제작하는 방식으로 진행을 한다. 특히 처음에 진행할 때는 클라이언트와 제작사의 간극을 맞추는 작업이 쉽지 않기에 나처럼 중간 커뮤니케이터가 필요하다. 이렇듯 한 번 시작하면 돈이 되든 안 되든 꼬리에 꼬리를 무는 재미있는 일들이 생기게 마련이다. 돈과 상관없이 다양한 경험은 소중한 자산이고 나중에 분명히 꺼내서 활용할 수 있는 날이 온다.

회사 업무 이외의 나의 관심사를 학습하면서 사이드잡의 방향을 함께 잡아갈 수도 있다. 내가 다이어트를 한다면 그냥 '예쁜 옷 입을 거야'라는 목표 달성의 차원이 아니라 성공 유무와 상관없이 배우고 느끼는 감정의 기록도 훌륭한 콘텐츠가 될 수 있다. 개인의 성장 과정과 고민들은 누구도 대신할 수 없는 나만의 브랜딩을 만들어가는데 도움이 된다. 예를 들면 유용했던 다이어트 용품들을 나의 진짜 후기에 담아 공동구매를 할 수도 있다. 또 나의 노하우를 담아 작게라도 다이어트 동아리를 시작할 수도 있다. 처음이 어려울 뿐 시작하고 나면 작은 행위 하나도 어떻게 확장할까를 고민하게 되는 장점이 있다.

아이 셋을 키우는 엄마라면 육아와 관련된 콘텐츠를, 미대를 나온 사람이면 그림을 매개로 계속 이야깃거리를 만들면서 내가 끼어 들어갈 만한 사업의 모델이 있는지, 판매할 만한 무언가가 있는지 틈새를 찾아보자! 이런 콘텐츠 생산이나 판매는 특별하게 타고난 사람들만 하는 것이 아니라는 점을 명심하자!

홍보는 사람을 모으는 것과 직결된다. 사람들이 사고 싶어도 나를 모르면 살 수가 없다. 몰라서 못 사는 거다. 그만큼 나와 상품을 알리는 것은 중요하고 모객이 나의 수익으로 연결된다.

개인 SNS 플랫폼 활용하기

사람들에게 나를 어떻게, 나의 상품을 어떻게 알려야 할까? 방법은 무수히 많겠지만 가장 중요한 베이스캠프 역할을 하는 것은 본인의 SNS 채널이다. 가장 효과가 큰 채널일 뿐만 아니라 어딘가에 광고 홍보를 했을 때 랜딩페이지(최종적으로 연결되는 페이지)이기 때문이다.

'나는 이렇게 잘난 사람입니다' '나의 물건을 사주세요' '세상에서 제 강의가 최고입니다' 누군가의 블로그에 끊임없이 이런 내용들만 담겨 있다고 생각해보

자. 혹시 집 현관문 앞에 붙어 있는 광고 전단지 같지는 않은가? 이렇듯 광고성 메시지만 담긴다면 매력이 없고 사람들을 팬으로 연결하기 어렵다.

내가 '이제 더 이상 무의미하게 돈을 쓰지 않을 거야!'라고 결심하고 제일 먼저 한 행동은 판매자들의 인스타그램 팔로우를 취소한 일이었다. 처음에는 그다지 관심이 없었는데도 불구하고 나는 출퇴근길에 판매자들의 일상을 계속 들여다보고 있었다. 그들의 인스타그램에 자연스럽게 노출되는 다양한 옷과 신발들을 보고 있노라면 어느샌가 나도 모르게 구매를 하고 있었다. 결국 소비를 줄이고자 인스타그램 팔로우를 취소하면서도 배운 게 있다. 콘텐츠 전략의 방향은 이렇게 알게 모르게 사람들의 일상에 스며들도록 해야 한다는 것이다.

단지 SNS를 즐겼을 뿐인데 팔로우나 이웃이 늘어 물건 판매와 같은 사이드잡으로 연결되는 경우가 많다. 또 이런 공동구매가 잘 되어서 본업인 회사를 그만두는 경우도 종종 보았다. SNS를 오래 운영하며 본인의 감각을 보여주고 그런 취향을 좋아하는 팔로우를 많이 모으며 취향의 검증을 하는 거다. 이런 사람들이 판매를 잘하는 것은 어쩌면 당연한 일이다. 그들만의 팬층이 두텁게 형성되기 때문이다.

작정하고 무언가를 팔아야겠다는 영업 마인드를 가진 사람들, '분명한 목적성'을 가지고 진입하는 사람들은 오히려 좌절을 겪기도 한다. 이웃이나 팔로우들과의 자연스러운 소통에서부터 판매까지 연결되는 긴긴 과정을 견디지 못해서 포기하기도 한다. 그러나 모든 일이 그렇듯 쉽게 이루어진 것은 쉽게 무너져내릴 수 있다. 사상누각은 어디에나 적용된다. 그러므로 판매나 수익에만 골몰할 것이 아니라 진심 어린 소통에서부터 시작하는 것이 좋다.

내가 가진 무언가를 사 달라고 글을 쓰는 것은, SNS 활동과 사이드잡러 생활 1년이 넘은 나에게도 만만한 일은 아니다. 수줍음 때문이다. 나의 이웃, 팔로우 수 대비 대대적인 홍보를 못 하고 있는 이유이기도 하다.

내가 평소에 호감을 가지고 있는 판매자는 어떤 사람이었는지, 내가 어떤 강사들을 좋아하는지 생각해보자. 그들은 어떤 방식으로 SNS 채널을 운영하고 있는지 알아보며 벤치마킹하면 좋겠다. 그들처럼 되고 싶다면 이미 정답을 가지고 있는 그들을 살펴보는 수밖에 없다.

나의 홍보글을 공유해주세요

모객 페이지를 올렸다면 이제 한 명에게라도 더 닿아야 한다. 이때 중요한 역할을 하는 것이 공유 기능이다. 블로그 스크랩, 인스타그램 리그램을 요청하는 이벤트를 하거나 지인들에게 부탁하는 것이다. 공유 자체만을 목적으로 하는 이벤트는 사실 큰 의미가 없다. 단지 한 잔의 커피 쿠폰을 바라며 응모하는 체리피커(일시적인 혜택만 쫓아다니는 이벤트족)들이 많다. 예전에 한 명에게라도 더 알리고 싶은 마음에 단순 공유 이벤트를 했다. 당시 참여자들이 얼마나 영혼 없이 이벤트에 응했는지 그들에게 준 커피 쿠폰이 너무 아까웠던 기억이 있다.

요즘 활용하는 방법은 강의 신청자 중 공유해주면 1만원 할인을 해준다든지, 기존의 수강생이나 직접 운영하는 커뮤니티를 통해 공유 이벤트를 하며 대상자를 한정 짓고 있다. 기본적으로 내가 어떤 사람인지 겪어봤거나, 나의 상품을 잘 아는 사람들이 공유하는 글에는 애정이 묻어 있기 마련이다. 그런 사람들의 글과 단순 이벤트 참여자의 글들은 질적으로 차이가 난다. 사이드잡러가 되기로 마음 먹었다면 진심을 다해 내 편을 만드는 일이 얼마나 중요한지 먼저 알아야 한다.

플랫폼 키워드 광고 활용

나는 아직 키워드 광고를 사이드잡에서 활용한 적은 없지만 플랫폼의 유료 광고를 집행해보는 것도 하나의 방법이다. 내가 유료 광고를 집행하지 않은 이유는 조금 더 내실을 다진 뒤에 확장할 때 해도 늦지 않다는 생각 때문이다. 또 아직은 본업에 충실해야 하므로 갑작스러운 양적 팽창도 부담스럽다.

키워드별로 얼마의 금액을 지불하면 특정 키워드를

검색했을 때 나의 홍보 페이지가 노출되는 키워드 광고, 내 상품의 잠재고객들이 접속하면 보이는 타 깃광고 등 다양한 방식의 유료 광고를 할 수가 있다. 예를 들면 누군가 네이버 검색창에 '블로그 마케팅' 이라고 검색을 하면 나의 홍보 페이지가 노출될 수 있도록 해당 키워드를 구매하는 방식이다. 인스타그 램의 경우 나의 상품의 타깃을 서울시에 사는 30대 여성 중 쇼핑을 좋아하는 사람으로 세팅해두면 나의 잠재 고객들이 접속할 때 내 게시물이 보인다. 이렇 게 명확하게 노출이 잘 된다면 구매 효율이 높다.

키워드 광고를 대행하는 업체도 많은데 조금 익숙해 지면 본인이 직접 할 수 있다. 대신 처음부터 큰 기대 는 금물이다. 키워드 광고를 한다고 투자한 만큼 성 과가 나오는 건 아니다. 이런 바이럴(Viral) 광고 집 행은 책 한 권 분량으로 따로 나와 있을 정도로 학습 과 경험이 필요한 부분이다. 조금씩 광고비를 집행 하며 어떤 때 효과가 좋았는지 또는 별로였는지 구 별할 수 있는 감을 익히는 것이 중요하다.

사이드잡으로
돈 버는 사람들의
이야기
【진심으로 클레오】

대학교 3학년때부터 한 아르바이트를 시작
으로, 출산휴가 3개월을 제외하곤 경제활동을
지속하고 있는 두 아이의 엄마이다.

'진심으로 클레오'라는 닉네임으로 활동하고
있다. 회사를 학교 개근하듯 다녔고, 이직하는
기간을 휴가기간으로 삼아 일과 휴식을 병행하
며 살았다. 현재는 직장을 다니면서 인하대학교
앞에서 쉐어하우스를 운영하고, 전자책 만들기
온라인 프로젝트를 이끌고 있다. 이외에 또 어떤
부수입을 만들 수 있을까 다양한 고민을 하며 지
내고 있다. 부수입은 쉐어하우스 운영과 온라인
프로젝트 리더, 남편가게 아르바이트 수입이 있
는데 ,변동수입은 기복이 심해 월평균 150만원
정도로 설정하고 있다.

이직 3개월만에 다시 퇴사를 고민하며 깨달음

절친한 지인의 추천으로 2018년에 이직을 했는데 인간적으로 알고 지낸 사이와 업무를 하는 사이는 다르다는 걸 깨닫고 많은 고민을 했다. 결국 또 다른 곳으로의 이직을 알아보며 내가 하고 싶은 걸 하기 위해선 나의 부수입을 먼저 만들어야겠다고 생각했다. 그 과정에서 내 집이 없이도 월세를 받을 수 있다는 쉐어하우스에 관심을 가지게 되었다.

'무조건 나는 쉐어하우스를 오픈한다' 라는 생각으로 책과 강의를 검색했다. 4주간 강의를 들으면서 실제로 부동산에 연락하여 계약까지 완료했다. 이걸 세팅해야만 빨리 내가 원하는 곳으로 이직할 수 있다는 생각뿐이었다. 그만큼 간절했다. 결국 2019년 2월, 그 생각을 실행하게 되었다.

워킹맘의 시간관리 노하우

첫 번째, 잠을 줄였다. 방법이 없었다. 출근시간보다 2시간 먼저 출근해서 회사 앞 스타벅스로 향하는 것. 집에서는 도저히 일을 할 수 있는 환경이 아니었기에 퇴근도 최대한 늦게 했다. 물론 남편과 아이들에게 미안했지만 내가 지금 이렇게 하는 것이 아이들에게 더 좋은 양육환경을 만들어줄 수 있다고 믿었다. 내가 경제적으로 여유를 가질 수 있어야 회사에 대해 만족하고 아이들에게도 더 친절하고, 사랑스럽게 대하는 엄마가 될 수 있다고 생각했다.

두 번째, 가족들의 도움을 많이 받았다. 특히 시어머님의 도움은 집 안일이나 육아에 절대적이었다. 덕분에 살림하는 시간이 파격적으로 줄었고 큰 금액은 아니지만 나의 형편이 닿는 대로 소소한 금액이라도 챙겨드리고자 했다. 남편도 아이들도 나를 믿고 기다려주었기에 더욱 감사한 마음뿐이다.

사이드잡으로 쉐어하우스 운영 노하우

처음에는 요령도 없고, 열정만 앞섰기에 생각한 대로 되지 않는 게 답답하고 힘들었다. 나는 요식업 서비스쪽 근무 경력이 많은데, 신입 시절 고객에게 서비스하는 마음으로 해보자고 결심했다. 한 분 한 분 손님 대하듯이…. 결과적으로 처음에는 내가 손해인 듯 억울하기도 했 지만 일정 시간이 지나니 부메랑처럼 나에게 이익으로 돌아왔다.

예를 들면, 타 쉐어하우스는 생활관리비, 운영관리비 명목으로 관 리비를 이중으로 받는다. 생활관리비는 전기세, 수도세, 난방비 등 아 파트 관리실이 청구하는 관리비이고, 운영관리비는 정수기, 인터넷, 생필품 제공 등의 고정비이다. 쉐어하우스 운영자 입장에서는 모두 현 금이 들어가기 때문에 입주자들에게 받는 게 당연하다.

나는 후발주자로 시작한 터라 경쟁력을 만들기 위해서, 운영관리비를 받지 않고 내가 다 부담했다. 일종의 홍보 포인트였던 셈이다. 공실이 있을때는 마이너스가 되기도 했고, 초창기에는 어렵기도 했지만 이후에는 그런 점을 장점으로 부각시켜 홍보하니 입주대기까지 생겼다.

마지막까지 만족할 수 있도록 최선을 다했다. 결국 진심은 통한다!

입주시에는 서로 좋은 모습으로 시작했다가 크고 작은 사건들이 생겨 180도 다른 이미지로 퇴실하는 모습들을 종종 본다. 입주자의 사소한 오해는 매사 최선을 다하는 나를 기운 빠지게 하는 요소였다. 다행히 다른 쉐어하우스 운영자들과의 커뮤니티에서 '누구에게나 일어나고 있는 일'이라는 걸 알고 마음을 다스릴 수 있었다.

'처음과 끝을 같게 하자' 라는 목표가 생겼고 입주자들의 무리한 부탁에도 웃으면서 거절이든 승낙이든 할 수 있는 유연성이 생기기 시작했다. 그간 치열했던 직장 생활의 경험이 이럴 때 활용된다고 생각하니 뿌듯했다.

더 보고 싶다면 이곳에서 →

관리

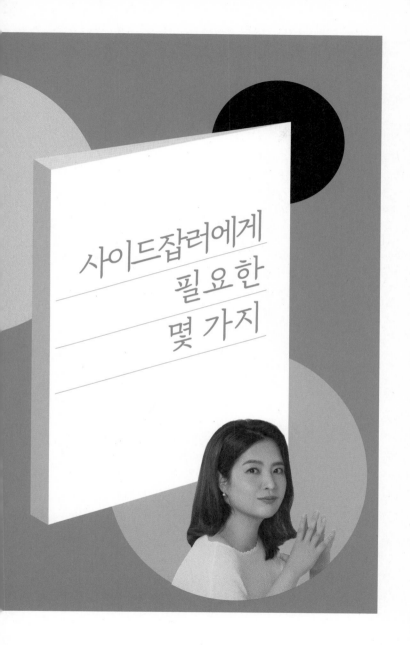

사이드잡러에게
필요한
몇 가지

밀도 있는 시간 관리 :
3시간 집중 시간, 틈새 시간

본업인 회사일도 해야 하고 불량 엄마지만 육아도 해야 한다. 사이드 프로젝트 수업 준비 및 수강생들과의 소통, 블로그와 인스타그램 운영에 이어 책도 읽어야 한다. 사실 무언가를 부수적으로 한다고 결정하는 순간 자잘한 일들이 늘어나는 건 어쩔 수 없다. 나의 경우 시간 관리의 기술을 어디에서 특별히 배운 것은 아니다. 매일의 주어진 일들에 최선을 다하고 있을 뿐이다.

다만 "내가 하는 행동이 5년 후의 나에게 긍정적인 체력이 될 것이냐 아니냐가 본질을 가르는 자기 판단의 기준" 이라는 《여덟 단어》에 나오는 박웅현님의 말을 나는 시간 관리 기준으로 삼고 있다. 조금만 긴장의 끈을 늦추면 모바일 게임이 하고 싶고, 사지도 않을 아이쇼핑을 하고 싶기도 하다. 이런 욕구가 올라올 때마다 박웅현님의 말을 떠올린다. "이게 나의 5년 후에 의미 있는 시간일까?" 그러면 조금은 명확해진다.

"그 많은 일을 어떻게 처리하세요? 혹시 풀타임 근무를 안 하시나요?"

많은 사람들이 나에게 갖는 합리적인 의심이다. 나는 평범한 직장인으로 오전 9시부터 저녁 6시까지 사무실에서 근무하는 사람이다. 다행인 것은 나의 컴퓨터를 상사가 모니터링 한다든지, 근무시간에는 개인적인 통화를 못하게 하는 경직된 분위기의 조직은 아니라는 거다.

하루 중 사이드잡에 집중할 수 있는 2시간이 필요하다

나는 보통 새벽 5시에 기상한다. 너무 피곤하거나 몸이 안 좋은 날은 지나치기도 하고, 휴일엔 새벽 시간을 즐긴 뒤 낮잠을 자기도 한다. 어떻게든 지키고 싶은 새벽 시간, 나에게 새벽 시간은 너무 소중하다. 이 시간의 가치를 몰랐다면 지금처럼 다양한 일을 하지 못했을 것이다.

나는 새벽과는 거리가 먼 사람이었고 오히려 퇴근 후 저녁 시간의 만남을 중시하던 사람이었다. 그랬던 내가 블로그를 시작하며 180도 바뀌었다. 근무시간 중에는 아무래도 대놓고 딴짓을 하기 어렵기 때문에 아무도 건드리지 않는 새벽 시간이 필요했다. 게다가 논리에 맞게 글을 쓴다는 건 쉬운 일이 아니었다. 한참 블로그에 간절히 꽂혀 있을 때는 내일은 어떤 글을 쓰면 좋을지 하루 종일 생각하며 정리했고, 다음날 새벽 시간을 최대한 활용해서 글을 발행했다.

새벽 기상을 위해선 이른 취침이 필수다. 특별한 약속이 없는 경우 가급적이면 밤 10시 이전에 잠들려 하고 있다. 새벽 기상을 해본 사람은 안다. 매일 5시 이전에 일어나려면 밤 9시만 되어도 졸려서 눈을 뜰 수가 없다는 것을. 덕분에 아이도 함께 일찍 잠들고 장점이 많다.

밤 시간의 유혹은 강하다. 특히 인기 드라마가 한창 방영 중일 때는 맥주를 홀짝이며 보고 싶고, 밤 시간에 불붙는 카카오톡 대화에도 끼고 싶지만 앞서 이야기한 '5년 후의 무언가'를 생각하며 아쉬운 마음을 달랜다.

지금은 새벽 시간을 블로그보다는 글쓰기, 프로그램 기획, 책 읽기 같은 생산적 활동으로 채우고 있다. 과거처럼 블로그 방문자에 연연하지 않기도 하지만 다양한 일들이 많아졌기 때문이다. 나를 위한 집중된 시간이 꼭 새벽이어야 하는 건 아니다. 본인의 라이프 스타일상 밤 시간이 좋다면 그 시간을 최대한 활용하는 것으로 효율을 높이면 된다. 자신에게 맞는 '집중 시간 블록타임'을 가져야 한다. 본업을 위해 낮 시간을 전부 할애한다면 사이드잡을 위해서는 새벽이든 밤이든 하루 최소 2시간은 어떻게든 확보해야 한다.

회사의 틈새 시간 무조건 활용하기

출퇴근 시간, 점심시간, 외근을 다녀오는 시간 … 일과 시간 중에도 이렇게 잠깐씩 짬이 나는 시간이 분명히 있다. 이 시간을 당신은 어떻게 활용하는가?

나의 출퇴근 시간은 왕복 3시간이 넘는다. 사람들은 긴 시간 너무 지겹겠다고 이야기하지만 나에겐 이조차 소중한 시간이다. 나는 이때 책을 보기도 하고, 누군가 추천했던 자기계발 유튜브를 본다. 사람들이 남겨준 글에 반응도 하고 다른 사람의 블로그를 찾아가 댓글을 남기며 소통한다. 인스타그램에 간단히 업로드 할 수 있는 것도 대부분 이 시간에 진행한다.

과거 나는 이런 틈새 시간에 버릇처럼 쇼핑몰을 구경하거나, 기억조차 나지 않는 일들을 하며 시간을 흘려보냈다. 이런 10분, 5분이 모여 의미 있는 결과를 만들어낼 수 있음을 잊지 말자.

내가 어떤 일을 처리해야 하는지 체크하기

다이어리를 체계적으로 잘 쓰는 편은 아니다. 성격상 못하기도 하고 이번엔 잘 해보고자 하지만 번번이 실패한다. 그럼에도 불구하고 나는 하루 동안 해야 할 일들을 꼭 메모해두고 지워나가는 방식으로 일을 하고 있다. 하루

일과에 매몰되다 보면 놓치는 일들이 종종 생기기 때문이다. 특히 여러 개의 직업을 가진 사람들은 당연히 일의 가지 수만큼 정신이 없다. 아무리 사소한 일이라도 반드시 적어두자. 나의 계획에 있던 모든 일을 해치우고 잠자리에 누울 때의 쾌감은 경험해본 사람만이 안다.

할일 뿐 아니라 블로그나 인스타그램에 올릴 글감들도 한 번에 정리해둔다. 이렇게 하루 종일 준비하고 다음날 새벽에 쏟아내는 방식으로 시간을 활용하고 있다.

사이드잡러의 시간 관리법 〰〰〰

- 사이드잡에 집중할 수 있는 블록타임이 필요하다: 하루 최소 2시간을 어떻게 확보할 것인가?
- 틈새시간을 최대한 활용하기
- 내가 꼭 해야 할 일들을 리스트업 하며 지워 나가기

개인 채널 운영:
원소스 멀티유즈 정신

사이드잡러로 성공하고 싶다면 무조건 개인 SNS 운영을 해야 한다. 스스로 모객을 하기 위해서든 나를 알리기 위해서든 가장 중요한 플랫폼이 되기 때문이다. SNS 채널들은 하나하나 모두 나름의 특색을 갖고 있다. 그 중요성을 알기에 한꺼번에 모든 걸 시작하려고 배우는 사람들이 종종 있다. 이런 경우 나는 '과유불급'이라고 꼭 이야기 해드린다. 나의 채널들이 소중한 만큼 하나씩 천천히 단계적으로 익혀 나가는 게 좋다. 모든 채널은 각각의 방식으로 집중해서 키워내는 시간이 반드시 필요하다.

나는 블로그, 인스타그램을 운영하고 있다. 네이버 블로그 → 인스타그램 → 카카오 브런치 순으로 집중적으로 육성하는 시간을 할애하려고 한다. 아직 유튜브는 하지 않는다. 유튜브의 중요성을 몰라서는 아니다. 그 중요성을 알기에 좀 더 뾰족해진 콘텐츠를 내놓을 수 있을 때까지 아끼고 있는 중이다(참 변명도 궁색하다). 이렇게 욕심내서 여러 개를 운영하기 보다 하나하나 체화시켜야 한다. 어차피 채널 운영은 장기전이다.

1단계 : 네이버 블로그 키우기

과거 운영해봤던 경험이 있기 때문에 네이버 검색 노출을 위한 정보성 글쓰기에 집중했다. 대신 내가 앞으로 확장하고 싶었던 IT 관련 주제들을 잡아 몇 달간 1일 1포스팅을 했다. 블로그 초보라고 생각되는 사람들, 나와 비슷한 또래의 아이를 키우는 워킹맘들을 중심으로 이웃을 맺기 시작했다. 그리고 그들과 소통했다. 온라인의 인연들이 서로 공감하고 교류를 한다는 게 신기하기도 하고 재미도 있었기에 가능한 일이었다.

2단계 : 인스타그램 키우기

다음 단계는 인스타그램이다. 인스타그램은 채널의 특성상 집중된 주제를 가지고 운영하는 것이 유리한데, 나에게는 그런 취미가 없었다. 그렇다고 너무 뻔한 일상을 계속 올리기엔 아무리 생각해도 재미가 없었다. 그래서 생각한 것이 '마케터의 일상'이다. 블로그에서의 컨셉이 현직 마케터가 알려주는 마케팅, 소셜 채널이었기 때문에 마케터라는 직업을 활용해서 인스타그램에 올리기 시작했다.

인스타그램은 운영하기 쉽고 사람들과의 소통이 빠르다. 채널 자체가 단순하기 때문에 그만큼 반응도 빠르다는 장점이 있다. 인스타그램을 통해서 나의 생활을 보여주려 하고 있다. 내가 어떤 사람이라는 것을 자연스럽게 보여주는 채널로 선택한 것이 인스타그램이다.

나의 파이프라인 대부분이 현재는 강의와 컨설팅이다.

즉, 나와 합이 잘 맞는 사람들과 함께했을 때 더 좋은 결과를 도출할 수 있다. 이런 나의 생각과 결이 맞는 사람들을 찾는 채널로 인스타그램을 활용하고 있다. 나의 라이프스타일과 생각을 보여주고 비슷한 부류의 사람들이 나에게 올 수 있도록 채널을 운영하는 것이다.

3단계 : 카카오 브런치 키우기

현재 도전하려는 채널은 카카오 브런치다. 브런치는 순수하게 콘텐츠로 소통하는 공간이다. 이 곳에서는 나를 성숙하게 만들어주는 공부에 대해 글을 쓰려고 한다. 이 곳에서의 컨셉은 '자기계발이 취미인 마케터'다. 여기에서도 마케터라는 개념을 내세우고 있다. 마케터가 나에겐 모든 채널의 연결고리인 셈이다.

즉흥적으로 기분에 따라 운영하는 게 아니라 이렇게 하나하나 컨셉과 전략을 가지고 운영하길 바란다. 이걸 본 사람들은 지금 종이를 꺼내며 어떤 연결고리를 잡고자 끄적일 수도 있겠고, 이 계획이 완성되기 전까지 시작을 미루겠다는 사람도 있을 거다. 하지만 너무 큰 부담감을 가질 필요는 없다.

하나씩 시작하며 그 채널과 익숙해지라고 강조하고 싶다. 나 역시 처음부터 모든 것을 세팅하고 시작했던 건 아닐 뿐더러 계속 변화할 수밖에 없다. 단순히 누군가가 알려주는 것과 직접 운영하면서 내가 느끼는 차이가 크다. 내가 마케터라는 업으로 SNS 채널들의 연결고리를 완성한 것도 6개월 이상이 지나서였다. 그리고 앞으로 또 어떻게 바뀔지 모른다. 그때그때 자연스러운 흐름에 따라 앞으로도 변경할 생각이다.

사이드잡을 하는데 완벽한 계획이란 없다. 회사 프로젝트였다면 각각 채널의 성격과 운영 방향에 대해 조사 및 계획 수립을 하고 팀장의 컨펌을 받아 움직였을 것이다. 하지만 우리는 내 맘대로 할 수 있는 사이드잡러다. 내가 대표이자 운영자다. 그만큼 의사 판단이 빠르고 가벼울 수 있다는 장점을 생각하자.

운영하며 사람들이 어떤 부분에 더 반응을 하는지 체크하면서 그런 부분에 집중하는 것이 좋다. 그리고 도무지 반응이 없다거나 나와 안 맞는 채널이라는 생각이 든다면 조용히 접으면 된다. 실제로 접어도 아무도 묻지 않았던 경험이 있다.

채널의 효율적인 운영 : one souce multi uses 〰〰〰

여러 채널을 효율적으로 운영할 수 있는 방법은 하나의 소스로 여러 곳에서 사용을 하는 원소스멀티유즈 (one souce multi uses)이다. 예를 들어 강릉의 바다가 보이는 카페에 갔다고 가정해 보자. 인스타그램에 카페를 촬영해 #카페스타그램을 올린다. 이때 내가 느낀 점들을 간단하게 표현해주면 더 좋다. 그리고 카페에 대한 정보들을 모아 며칠 뒤 네이버 블로그에 카페 리뷰를 올리는 거다. 하나의 경험으로 두세 개의 콘텐츠를 만들 수 있다.

채널이 많아지면 노력이 더 필요해진다. 특히 본업이 따로 있는 사이드잡러에게 다양한 SNS 채널은 부담이다. 쉽게 할 수 있는 것들부터 하나씩 확장해가며 나만의 룰을 찾길 바란다. 처음부터 욕심내지 말고 하나씩, 내가 감당할 수 있는 수준으로 확장해나가자.

무조건 온라인과 친해지기

랜선 집들이, 랜선 절친…

온라인으로 만들어진 관계를 이야기할 때 '랜선 ○○'
이라 칭한다. 15년 넘게 온라인을 다루는 업을 가지고 있
었지만 나 역시 랜선 관계는 허상이라고 생각하던 사람이
었다. 매일 얼굴을 보던 사이도 오해가 쌓이면 혹은 다른
부서로 발령 이후엔 멀어지는데 얼굴 한 번 제대로 본 적
없는 관계가 정상적으로 유지될까 하는 의문이 들었다.
하지만 지금은 그런 생각이 사라졌다. 관계는 어디에서건
나와 상대방의 소통과 노력으로 발전해 나가는 것이기 때

문이다. 온라인이라고 해서 다르지 않다.

온라인의 확장성은 무한대이기에 사이드잡을 하기 위해선 무조건 온라인에 능해야 한다고 생각한다. 사이드잡을 준비하는 인풋 차원에서나 수익으로 연결하는 아웃풋 차원에서도 모두 그렇다.

인풋으로의 온라인

어떤 아이템에 관심이 생겼다면 도대체 그건 어떻게 진행하는 건지 정보를 찾아 실행가능성이 있는지 판단해야 한다. 일일이 발품을 팔아 사람을 만나고 이야기까지 듣는다면 좋겠지만 현실적으로 불가능하다. 우리는 본업이 있기에 시간이 항상 부족하다.

대한민국은 지금 온라인 정보의 춘추전국시대다. 유튜브, 포털 사이트, 밀리의 서재(월정기 온라인 독서앱)와 같은 온라인 플랫폼에 몇 개의 키워드만 치면 관련된 고급 정보들이 즐비하다. 온갖 전문가들의 정보와 견해가 다양한 형태로 담겨 있다. 추가적인 질문이 생긴다면 직접 메일이나 댓글을 써서 문의를 할 수도 있고 생각보다 친절한 피드백을 받을 수도 있다.

앞서도 이야기했지만 사이드잡을 실행으로 옮기기 전에 비슷한 주제에 대한 학습이 필요하다. 사이드잡이 시작됨과 동시에 유사 수업을 듣는 건 실질적으로 어려울 수 있기에 사전에 반드시 해두면 좋다. 대부분의 오프라인 교육은 서울 특히 강남권을 중심으로 이루어진다. 나의 경우 평일 강의는 거의 들을 수 없을 뿐더러 서울에 거주하기는 하지만 서울의 웬만한 곳은 이동시간만도 왕복 3시간이 걸리기 때문에 오프라인보다는 온라인 수업을 선호하는 편이다. 온라인 수업은 스스로 시간 관리만 잘한다면 부담 없이 소화가 가능하다. 특히 요즘은 온라인 교육 플랫폼 전성시대로 손품을 조금만 들인다면 실용적인 강좌를 찾을 수 있다.

아웃풋으로의 온라인

각자의 파이프라인을 만드는데 온라인은 상대적으로

진입장벽이 낮기에 더욱 긴밀해져야 한다. 초보작가가 종이책을 출판하기 위해 몇백 군데 출판사에 투고하는 일은 허다하다. (실제로 출판사 투고를 위한 이메일 리스트 500개가 몇만원에 판매되기도 할 정도다) 그럼에도 출판사의 선택을 받기 쉽지 않고 설령 출간이 된다 하더라도 책 제작비와 유통 비용이 높기 때문에 저자 인세는 그다지 높지 않다.

그렇다면 전자책은 어떨까? PDF 파일로 나의 콘텐츠를 책으로 엮은 뒤 탈잉, 크몽과 같은 전자책 플랫폼에 업로드 후 상대적으로 간단한 승인을 받으면 끝이다. 판매될 경우 플랫폼 수수료 약 20%를 제외한 나머지는 모두 전자책 판매자의 몫이다. 회사에서 쓴 보고서의 주요 부분을 가린 뒤 판매하는 경우도 있고 파워포인트 템플릿을 판매하기도 한다.

나는 블로그 수업에 사용하는 강의 교안을 전자책으로 만들어서 등록했다. 전자책 홍보를 거의 하지 않은 탓에 월 3건 정도 판매되지만, (정가 2만원 중 플랫폼 비용 20% 제외 후 16,000원이 나의 수익) 아는 사람 중 월 100만원 정도의 수익을 고정적으로 올리는 이도 있다.

특히 온라인 수업은 확장성이 무한대임을 잊지 말자. 나는 오프라인, 온라인 실시간, 온라인 녹화 강의를 모두 진행해봤는데 오프라인을 고집하는 블로그 수업의 경우 모객이 쉽지 않다. 지방이라는 이유로, 시간이 맞지 않아서, 갑자기 급한 일이 생겨서 못 온다는 경우가 다반사다. 사회적 거리두기 등으로 6개월 가까이 오프라인 수업을 할 수 없기도 했다.

상대적으로 100% 온라인으로 진행하는 '인스타그램 친해지기' 프로그램은 항상 사람이 많은 편이다. 녹화된 파일을 제공하는 시스템이기 때문에 시간과 장소에 구애받지 않는다. 이런 프로그램은 심지어 미국과 태국에 거주하는 분들도 함께 참여하고 있다.

운영하는 사람 입장에서는 비용적인 부분도 무시할 수 없다. 강남역 강의장을 예약하면 최소 20만원 이상의 운영비가 들기에 모객이 안 될 경우 더 예민해지기 마련이다. 내가 화상 회의 프로그램이나 간단한 영상 편집만 할 수 있다면 비용이 거의 제로에 가깝다. 어느 쪽이 효율이 높은지는 진지하게 생각해보지 않아도 알 것이다.

본업이 있는 경우 오프라인의 활동이 쉽지는 않다. 그래서 나는 최대한 온라인화해서 인풋과 아웃풋을 병행하고 있다. 앞서 이야기했지만 시간 관리만 잘한다면 충분히 효율성 있게 내 것으로 만들 수 있다.

온라인 인맥을 잘 유지하기 위해 나는 온라인을 온라인으로만 끝내지는 않는다. 온라인으로 시작했지만 인연이 닿는다면 점심시간이든 모임을 통해서라도 오프라인으로 만나 인연을 발전시키려 노력한다. 온라인을 통해 이어지지만 오프라인으로 한 번씩 다져주는 관계를 만들어 가면 좋을 것 같다.

인풋을 줄 수 있는 온라인 서비스 ~~~~

• 클래스 101 & 탈잉
온라인 클래스 플랫폼들이 계속 생기고 있는데 클래스 101과 탈잉이 대표적이다. 유명한 인플루언서들의 수업부터 온라인, 오프라인 수업, 일대일 컨설팅까지 다양한 분야, 다양한 형태의 학습을 할 수 있다. 이런 이러닝 플랫폼은 학습의 차원 뿐 아니라 어떤 류의 강의나 프로그램이 선호도가 높은지 벤치마킹 하는데 도움이 된다.

• 플래텀 https://platum.kr/
스타트업 전문 미디어에 관심을 둔다면 요즘 산업 트렌드는 어떤지, 어떤 비즈니스로 돈이 움직이는지 참고할 수 있다. 국내외의 산업관련 소식들을 볼 수 있고 어린 친구들이 몇 억씩 투자유치를 하는 기사를 보고 있노라면 부러움과 존경심에 가슴이 찡해진다.

• 광고대행사의 마케팅 리포트
나스미디어, DMC미디어, 메조미디어 등은 정기적으로 마케팅 보고서를 만들어서 제공한다. 포털서비스의 새롭게 런칭된 서비스 리뷰, 현황, 사회 현상 등에 대해 비교적 빠르게 업데이트 되는 편이고 무료로 제공되기 때문에 더욱 매력적이다.

• 어피티 https://uppity.co.kr/
월~금까지 매일 아침 8시쯤 메일로 발송되는 사회초년생을 위한 경제뉴스레터 서비스. 사회초년생을 타깃으로 하고 있다. 하지만 나 같이 경제를 잘 모르는 40대들이 보아도 전혀 부족함이 없는 정보를 전달해준다. 특히 사이드잡이나 자기계발에 대한 내용들도 정기적으로 제공 하고 있어 출근길을 꽉 채워주는 서비스다. 왠지 곧 유료가 될 것 같은 서비스!

• 앨리스미디어 https://www.alicemedia.co/
요즘 유행하는 라이프 트렌드가 궁금하다면 매주 목요일 발행되는 위클리 뉴스레터 서비스를 추천한다. 장래희망이 돈 많은 백수라는 가상의 인물 앨리스가 한 주간 발행된 뉴스를 큐레이션 하여 차분하게 추천해주는 문화, 쇼핑 콘텐츠들이 꽤 볼 만하다.

본업과 사이드잡의 균형 찾기

사이드잡을 기웃거리기 시작할 때는 퇴사를 하고 싶었지만 마이너스 통장 때문에 실행할 용기가 없었다. 그래서 일단 뭐라도 해보자는 마음이 컸고 지금 여기까지 왔다. 그렇게 힘들던 조직이 이제는 견딜 만하다. 아니, 본업을 위해 더 노력해야 할 이유들이 생겼다.

왜일까?

하찮은 경험은 없다는 것을 깨달았기 때문이다.

내 업무가 아닌데 왜, 행사 굿즈(물건)를 만들어 주말 행사장에서 판매를 해야 할까?

디자이너가 있음에도 왜, 내가 카드 뉴스 디자인을 하고 있을까?

이건 내 일이 아닌데 내가 왜, 섭외를 해야 할까?

나의 경우 업무 이외의 잡일을 할 때면 전문성이 부족한 사람이 아닌가 라는 불안감이 컸으나 이제는 조금 다르게 해석한다. 이런 여러 가지 잡일도 나에게 다양한 이야기꺼리를 제공해주었다고 믿기로 했다. 예를 들면 카드 뉴스를 만들었던 경험은 스마트스토어의 썸네일을 만드는데 도움이 되었고, 이런 경험들을 바탕으로 대학교에서 특강도 진행해봤다. 굿즈를 만들었던 나는 굿즈를 만들어 제공해야 하는 1인 사업가들에게 조언을 해줄 수도 있다. 나의 이야기가 경험 없는 누군가에게는 도움을 줄 수 있는 토대가 되고 있는 것이다.

이렇게 '쓸모없는 잡일은 없다'는 생각에 이르고 보니 회사에서 업무 이외의 일들도 조금은 즐겁게 할 수 있게 됐다. 게다가 여기서 배운 경험을 어떻게 녹여볼까? 이걸 통해 사이드잡을 해볼 수는 없을까? 라는 생각으로 확장하게 된다.

내 인생에 도움이 안 되는 시간을 보내고 있다는 자괴감이 드는 일들이 생길 때도 많다. 그로 인해 실패의 경험도 꽤 있다. 그냥 한 번의 의미 없는 일, 실패한 일이라고 생각하지 않았으면 좋겠다. 그 경험들이 나에게 어떤 의미였는지를 느낀다면 그건 나의 귀한 스토리가 되어준다.

나의 현업이 무엇보다 소중한 이유는 '현직' 마케터라는 단어를 활용하고 있기 때문이다. 이 세상에 마케터는 많지만 지금 근로소득을 마케팅업을 통해 받고 있음을 강조하는 것이다. 과거 언젠가 그 일을 했던 것이 아니라 나는 지금도 그 일을 하고 있음을, 그래서 현재 트렌드를 잘 아는 전문가임을 강조했다.

그러다 보니 회사에서 업에 충실하며 의미 있는 결과를 내는 것이 나의 사이드잡에 도움을 줄 수 있다는 걸 알게 되었다. 클라이언트들을 만나면 대부분 마케팅이나 광고 시장 돌아가는 이야기들을 한다. 사이드잡을 통해 만나는 사람들에게 해줄 수 있는 말이 많다. 나는 단순히 온라인 마케팅으로 국한하지 않고 다양한 비즈니스 모델의 이야기를 사람들과 나누는 편인데, 이런 넓은 관심사와 만남들이 큰 도움이 된다.

고로 나에게는 본업이 굉장히 중요하다. 언젠가는 자의든 타의든 '현직'을 떠나야 할 날이 올 것이다. 그렇기에 지금 진행하는 프로젝트가 마지막일 수 있음을, 그렇기에 지금을 나의 최고의 레퍼런스로 만들겠다는 각오로 임한다. 현직에서 만들어낼 성과 하나하나가 아주 소중하다.

그런 인사이트를 나의 업무와 사이드잡에 녹여내고 싶다. 이런 식으로 나는 계속 업무와 사이드잡의 접점을 찾아간다.

그리고 또 하나 중요한 것이 '균형'이다. 내가 본업과 사이드잡을 완전히 분리하여 대응한다면 어떨까? 사이드잡에만 빠져 있다면 회사에서 제일 큰 행사를 망칠 수도 있다. 나의 업무 중 큰 성과를 가져올 기회를 통째로 날려버릴 수도 있다. 또 회사 일에만 집중한다면 나의 사이드잡은 맥이 끊길 수도 있다. 사이드잡은 강제성이 없기 때문에 나의 의지가 없다면 하다가도 쉽게 그만둘 수 있다. 결국 양쪽의 균형을 유지하는 것이 중요하고 가급적이면 서로 시너지를 낼 수 있는 접점을 찾는 것이 좋다.

시간이 많은 사람이 자기계발을 부지런히 하며 파이프 라인을 만드는 건 아니다. 오히려 바쁜 사람들이 있는 시간을 더 쪼개 쓰며 새로운 무언가를 만들어내는 사례가 많다. 나의 체력과 에너지를 잘 배분해 균형을 유지하면 좋겠다.

7:3 정도의 에너지 비중 ~~~~

여러 가지 일을 하면 확실히 시간, 에너지, 체력이 들게 마련이다. 어느 정도의 비중으로 배분하면 좋을까? 사람마다 일마다 다르기에 정답이 어떤 것이라고 말하기는 어렵지만 나의 경우 본업 70%, 사이드잡 30% 수준을 유지한다. 기준을 이렇게 정해두고 +- 조정을 한다. 한쪽으로 훅 기울어지는 것을 방지하기 위함이다. 나에겐 본업도, 사람들과 깊이 있는 소통을 하며 서로 돕는 사이드잡도 모두 소중하기 때문이다.

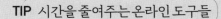

캔바 https://www.canva.com/

카드뉴스, SNS 채널의 썸네일, 간단한 파워포인트 디자인 작업까지 가능하다. 장점은 일부 요소를 제외하고 대부분 무료로 제공된다는 점이고, 앱 지원을 하고 있어 모바일로도 쉽게 작업이 가능하다. 기본 템플릿이 다양하게 구성되어 있어 편하게 활용할 수 있다. 다만 영어권 서비스라 한글폰트보다 영문 폰트가 들어간 작업물이 더 그럴듯해 보인다.

망고보드 https://www.mangoboard.net/

캔바처럼 썸네일, 명함, 카드뉴스 등의 디자인 작업을 할 수 있도록 만든 서비스다. 파워포인트 정도만 다룰 수 있다면 쉽게 디자인 작업을 할 수 있고 캔바보다 제공되는 템플릿이 많고 한글 폰트로 작업했을 때 퀄리티도 훌륭해 보인다. 아쉬운 점은 현재 PC 전

용 서비스라는 점과 약 3만원대의 월정액제로 제공
된다는 것이다.

줌 http://zoom.us/

온라인 강의, 미팅을 할 때 많이 활용되는 온라인 플
랫폼이다. 강의 내용을 녹화하여 VOD로 제공하기
도 한다. 기본적으로 유료 서비스이지만 결제하지
않아도 최대 40분까지 무료로 사용할 수 있다.

블로 앱 vllo

동영상 편집을 할 수 있는 앱으로 간단한 편집이 가
능하다. 블로를 편집툴로 사용하며 유튜브를 운영하
는 크리에이터들도 많다. 메뉴가 직관적으로 구성되
어 있어 배우기 쉬울 뿐만 아니라 무료 버전도 크게
불편함 없이 사용 가능하다. 약 만원정도의 유료 결
제를 하면 평생 모든 기능을 사용할 수 있다.

라이트룸 앱 lightroom

어도비에서 만든 사진 보정 프로그램이다. 대충 찍

은 사진도 조금만 보정을 해주면 훨씬 좋은 퀄리티의 사진이 된다. 특히 요즘은 콘텐츠에서 이미지가 차지하는 비중이 크기 때문에 보정에 신경을 쓰면 좋다. 라이트룸은 일부 유료인데 무료의 몇 가지 기능만으로도 멋진 사진으로의 보정이 가능하고 SNS를 운영하는 정도로 활용한다면 무료 기능만으로도 충분하다.

네이버광고센터 〉 키워드 도구

https://searchad.naver.com/

네이버에서 제공하는 비즈니스 툴들을 모아두고 키워드 광고를 집행할 수 있는 사이트다. 콘텐츠를 제작하는 사람들이 이 사이트를 방문하는 이유는 내가 쓰고자 하는 키워드에 대한 데이터 검색량, 문서량을 파악할 수 있을 뿐더러 1년간 해당 키워드의 검색량 트렌드를 확인할 수 있기 때문이다. 블로그 키워드를 찾거나, 커머스 아이템을 고민할 때 네이버광고센터 키워드 도구를 활용하면 유용하다.

카카오톡 플러스 친구 '자비스'

네이버 키워드 도구처럼 특정 키워드의 문서량, 검색량을 카카오톡에서 쉽게 확인할 수 있는 서비스다. 카카오톡 플러스 친구로 모바일에서만 확인이 가능하다. 키워드를 입력하면 네이버의 문서량, 검색량을 확인할 수 있어 간편하게 활용이 가능하고 네이버 광고센터와 동일한 데이터를 보여준다. 당연히 문서량은 적고 검색수는 많은 키워드가 좋은 키워드라고 할 수 있다. 단 자비스의 경우 연간 검색량 추이를 보여주지는 않는다.

네이버파트너 스퀘어 교육

https://partners.naver.com/

네이버 스마트스토어를 고민중이라면 네이버에서 무료로 진행하는 온오프라인 교육에 참석해보길 권한다. 사업자등록증이 없어도 네이버 스마트스토어 가입만 했다면 신청 가능하다. 오프라인의 경우 신청 경쟁이 치열하기 때문에 빠르게 신청해야 한다. 다만 네이버에서 공식적으로 하는 교육이라 '정석'

의 노하우만 이야기해준다. 공식 교육을 듣고 본인의 비즈니스 모델과 가까운 멘토의 교육을 찾아 추가로 수강해 그들의 노하우를 익혀보길 권한다.

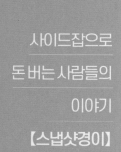

사이드잡으로
돈 버는 사람들의
이야기
【스냅샷경이】

대구에 위치한 약국에 근무 중인 지극히 평범한 직장인이며, '스냅샷경이'로 활동하고 있는 사이드잡러다. 꾸준히 직장 생활을 하면서 안정적인 생활이 좋았고, 올해 나이 마흔이 되었다.

1년 전쯤 우연히 취미로 시작한 사진 덕분에 나의 마인드도 변했고, 생활에도 활기가 생겼다. 인생이 180도 바뀌었다고 이야기할 수 있을 정도로 다른 삶을 살고 있다.

사이드잡을 하겠다고 결심했던 건 아니었다. 항상 부족하다고 생각했고 사진 찍는 게 재미있다고 생각하는 수준이었다. 그런 나의 능력을 끌어올려주고 격려해주는 사람들을 만나면서, 디지털노마드의 삶에 대해 생각해보게 되었다.

내 사진을 좋아하는 분들의 인정에 행복을 느끼다

사진을 찍고 공유했을 뿐인데 사람들이 반응을 해주는 게 신기했고 만족스러워서 꾸준히 인스타그램에 업데이트를 했다. 그런데 인스타그램이나 블로그로 혹시 제품 사진 찍는 아르바이트를 해줄 수 있냐고 문의가 들어오기 시작했다. 처음이라 여러 가지로 서툰데 내가 촬영한 제품을 보며 만족하는 사장님들을 보며 행복했다. 덕분에 매출이 올랐다는 말도 듣고 나는 수입까지 생기니 너무 짜릿하다.

제품 촬영 아르바이트로 몇 번의 추가 수입이 들어오는 것을 경험한 나는 나의 사진을 상품화하기 위해 꾸준히 홍보를 했다. 하루도 빠짐없이 인스타그램에 사진을 업로드 하고 제대로 공부를 시작했다. 특히나 '사진을 제대로 배우지 않았다'는 말을 듣고 싶지 않아 소중한 촬영 기회마다 진심으로 열심히 했더니 인정을 받게 된 것 같다. 업체에서 "앞으로의 작업은 당신과 하고 싶다"는 말을 들었을 때는 내가 하고 있는 방향이 옳다는 확신을 갖게 되었다.

SNS와 전문가 매칭 프로그램을 활용하다

홍보는 예쁜 이미지를 어필하기 쉬운 인스타그램과 고수 매칭 서비스 '숨고'를 주로 활용하여 한다. 특히 나만의 강점인 '미러리스 사진작가'라고 강조하며 비용은 DSLR 카메라 전문가보다 저렴하지만 퀄리티는 빠지지 않는다는 점을 포인트로 어필하고 있다. 제품 촬영이 필요한 사람들에게 나를 공개하면서 좀 더 적극적으로 활동한다.

재미있는 점은 한 번 작업을 한 클라이언트가 재요청을 하거나 소개하는 사례가 많다는 것이다. 역시 한 사람 한 사람에게 최선을 다해야 한다고 느끼는 부분이다.

사진을 중심으로 계속 영역 확대중

사진을 찍는 것에만 그치지 않고 관련된 노하우를 전자책으로 만들어서 판매하고 있으며, 사진 초보자들에게 쉬운 내용으로 강좌도 열었다. 스톡사진 판매사이트에 작가등록을 하고 매일 새로운 사진을 업로드하면서 상업적 사진을 판매하기도 한다. 지금은 제품사진 촬영 홍보를 숨고, 크몽, 탈잉까지 확대하면서 조금씩 영역을 넓혀가고 있다.

나 역시 처음에는 굉장히 망설였다. 사실 그동안 살아온 나의 과거가 호락호락하지 않았기 때문에 내가 하고 싶다고 해서 과연 잘할 수 있을까 하는 의심부터 먼저 했다. 기본적으로 시작하기 전에 걱정부터 하는 성격도 한몫을 했다.

그렇지만 지금은 누구에게도 자신 있게 말할 수 있다. 망설일 시간에 시작하라고….

최소한 나의 경우 좋아하는 일을 하면서 경제적인 여유까지 생기니 생활에 활력이 넘친다. 새로운 시도를 할 때마다 설렌다. 걱정도 하지 않는다. 잘 안 되면 그건 그것대로 나에게 교훈을 줄 거라 믿기 때문이다. 이런 작은 시작은 누구나 할 수 있고, 그 시작이 내 인생에 있어 어떤 터닝포인트가 될지는 아무도 모르는 일이라고 믿는다.

더 보고 싶다면 이곳에서 →

확장

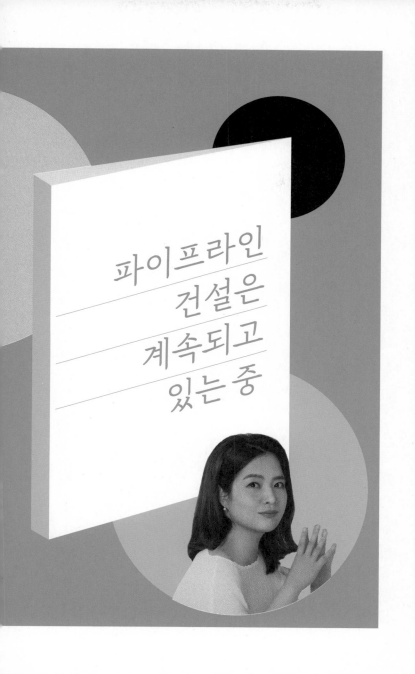

파이프라인
건설은
계속되고
있는 중

나라고 힘든 때가 없을까?

　사람이 365일 일정한 기분과 감정을 가지는 건 불가능하다. 여러 가지 파이프라인을 개설하는 시도를 하면서 새로운 무언가를 저지르는 초반에는 더욱 그랬다. 특히 나의 가치를 인정받지 못한다고 생각될 때면 '나는 여전히 멀었구나' '이대로 계속 하는 것이 옳은 걸까?' 라는 부정적인 생각이 올라온다.

　'내가 이번 모객에서 실패하면 다른 사람들이 나를 어떻게 볼까?'

　'이렇게 바쁘게 사는데 결국 남는 것도 없으면 괜히 나

만 손해 아닌가?'

처음 시작했을 때는 끊임없이 무언가를 했다. 계속 블로그 포스팅을 올리고 잠재 고객들을 찾아다니며, 매달 부지런히 모객 공지를 올려 사람들을 모았다. 그리고 다른 사람들은 또 어떤 시도를 하는지 궁금했다. 비교가 심해질수록 조급증이 생겼다. 가뜩이나 본업이 있기에 한정적인 시간을 활용하고 있는 중인데 조급증까지 생기니 불안했다. 그 불안을 잠재우려면 새로운 걸 시도하거나 배움을 지속할 수밖에 없었다.

날마다 뭔가를 끊임없이 하고 있는 나를 보며 느낀 것이 있다. 이는 '잘한다'의 기준을 '다른 사람들이 나를 어떻게 볼까?'에 방점을 찍었기 때문에 일어나는 현상이었다. 초기에는 다른 사람들이 원하는 기준도 살펴가며 나를 만들어가는 인풋 집중 기간이 필요하다. 하지만 타인과의 비교에만 빠져 나의 부족분을 채우려고 애쓰는 시간이 길어질수록 나의 정신과 육체는 피폐해진다. '잘했다' '부족했다'의 기준은 타인과의 비교에 있지 않다. 그 평가 기준을 반드시 '타인'에서 '나'에게로 가지고 오는 작업이 필요하다.

'내 기준'으로의 확장과 정리가 필요하다.

개인적으로 커머스를 잘해보고 싶다는 욕심이 있다. 내가 원하는 상품으로 구성된 쇼핑몰을 운영해보고 싶기도 했다. 품목 설정을 잘 해두면 내가 잠든 사이에도 매출이 일어날 수 있다는 부분이 너무 매력적이었다. 또 쇼핑몰 쪽에서 키워드 잡는 방법을 내가 직접 배워 적용해보고도 싶었다.

그래서 나도 스마트스토어를 몇 시간 만에 만들었다! 주변에 나름 탄탄하게 운영하고 있는 분이 계셔서 배우고 참고를 했다. 뿐만 아니라 워낙 소비자 입장에서 쇼핑을 많이 해본 터라 어느 정도 시간만 투자하면 금방 따라갈 거라고 판단하고 호기롭게 시작했다.

하지만 본업과 이미 진행 중인 사이드잡이 있었기에 도무지 스토어에 몰입할 수가 없었다. 쇼핑몰 운영에 온전히 집중하여 학습할 시간도 없었고 나의 기준에 맞게 재정비할 여유도 없었다. 제대로 하지도 못하면서 욕심을 내고 있다는 판단이 들어 과감하게 접었다. 접는다고 표현은 했지만 사실 거창한 것도 아니다. 업데이트 한 상품들을 슬그머니 내렸고 '지금은 쇼핑몰 안 해!' 라고 마음을 비웠을 뿐이다.

비슷한 이유로 6개월 넘게 하던 1일 1포스팅도 마음에서 내려놓았다. 일 방문자 7,000명 이상이 되어야 블로그 강의라도 할 수 있을 것 같았던 마음은 다른 사람의 시선으로 본 기준이었다. 물론 1일 1포스팅을 위해 새벽 기상을 하며 블로그를 집중해서 키우는 시간은 반드시 필요했고 도움도 되었다. 하지만 이제 얼마 이상의 방문자를 유지하기 보다는 나의 전문성을 좀 더 키워서 나의 수강생들의 성장에 도움을 주어야겠다는 판단이 들었다. 그래서 매일의 포스팅에 대한 부담감도 떨쳐냈다.

다양한 카테고리의 파이프라인 구축은 반드시 필요하다. 혹시 하나가 잘 안 되더라도 다른 것이 받쳐주고 있으면 전체적인 흐름이 안정된다. 하지만 처음부터 그렇게 시작할 수는 없다. 우리는 여전히 한정된 시간을 쪼개 사이드잡을 하려는 사람들이다. 그러니 우선은 내가 현재 하고 있는 분야의 점진적 확장을 권하고 싶다.

비효율적인 확장 예시 : 전혀 연관성 없는 아이템 시도

● 블로그 강의, 네이버 쇼핑몰 운영, 다이어트 프로그램
  운영, 쉐어하우스 오픈
  → 새로운 아이템을 배우느라 힘들고 파이프라인끼
    리 도움을 주지 못함

효율적인 확장 예시 : 집중된 주제로 아이템의 확장

● 에어비앤비 운영, '투잡으로의 에어비앤비' 운영 강
  의, 관련 코칭 상품, 관련 노하우 전자책
  → 에어비앤비라는 아이템으로 다양한 파이프라인을
    만들어 효율성 추구

'블로그 수업을 위한 인풋'에 집중하며 수업의 질도, 블
로그 코칭을 위한 나의 스킬도, 전자책의 품질도 동반 상
승시킬 수 있다. 다양한 주제를 만들어 여기저기 다 뛰어
들기 보다는 하나의 주제 아래 다양한 가지치기를 하는

것이 낫다. 그렇게 하는 것이 '사이드잡의 전반적인 품질 향상'을 위한 가장 효율적인 방법이다.

이 가지들이 충분히 튼튼하다면? 그럼 그때 또 새로운 주제를 찾아보면 된다.

'3년 후의 나에게 도움이 되는 일을 하고 있는 것일까?'
'5년 후의 내가 지금의 나에게 어떤 말을 하고 싶을까?'
요즘 내가 집중하려는 질문이다. 연관성이 떨어지는 파이프라인의 무차별적인 확장은 독이다. 평소 하고 싶었던 것이라고 무조건 다양하게 시도하지는 않았으면 좋겠다. 3년 후 나에게 도움이 될 아이템으로 하나씩 집중해서 확장을 하면 좋겠다. 이런 질문이 나의 본질을 찾아가는데 도움이 되리라 확신한다. 내가 생각한 대로 나의 방향대로 가고 있다면 분명 나만의 기준이 생길 것이다. 하나하나 주어진 문제들을 해결하다 보면 희미했던 목표 의식도 점점 선명해지고 길이 보이기 시작한다.

25살에 처음 직장 생활을 시작하면서부터 '앞으로 무얼 할 건지' '내가 원하는 것이 무엇인지' 생각하는 것이 어려웠던 평범한 직장인 A가 바로 나였다. 그러나 어느 순간 주도적으로 다양한 활동을 하다 보니 다음번엔 어떤 것을 하면 좋을지 연결고리들이 생겨났다. 다양한 연결고리 중 가장 이어짐이 자연스러운 것부터 하나하나 쌓아나가면서 이제 드디어 그동안 외면했던 '나다움'을 찾을 용기를 얻었다. 이런 과정을 통해 나의 본질을 찾아가는 중이다.

주의할 점이 있다. 나의 기준에만 너무 집중하다 보면 자신도 모르게 무리수를 두는 경우가 생긴다. 본인 기준에만 빠져 다른 사람들을 살펴볼 여유도 없이 우물 안 개구리 신세로 전락하게 될 때도 있다. 내 세상에서 나만이 최고인 것처럼 느껴지는 우를 범하기도 한다. 이런 과몰입의 시간으로 어느 정도의 성장은 가능하겠지만 그에 따른 주변의 수근거림을 감당해야 할 수도 있다.

나는 선을 넘고 싶지는 않다. 그래서 나의 상황과 욕심을 아는 지인들에게 '브레이크' 역할을 해주길 부탁했다. 상식을 벗어나는 무리수를 둘 경우 경고등이 되어달라고 당부도 했다.

다행스럽게도 아직까지 브레이크 지인들에게서 경고 딱지를 받은 적은 한 번도 없다.

현재까지의 평가는 '당신은 잘하고 있다' '당신을 늘 응원한다' 이므로 이 순간에도 나는 본업과 사이드잡 사이에서 균형을 잡아나가기 위해 노력한다.

나에게 기회를 주는 건
나를 믿어주었던 '사람들(고객)'

당신이 만나고 있는 사람은 단순히 한 사람이 아니다. 옥스퍼드 대학 진화심리학자 로빈 던파는 한 사람이 영향을 주는 사람의 숫자를 약 150명 정도라고 이야기한다. 지금 앞에 앉아 있는 단 한 명에게 최선을 다한다면 그 영향이 150명에게 전달될 수 있다는 의미이기도 하다.

흔히 온라인은 오프라인의 인간관계에 비해 밀도가 약하다고 여겨진다. 그러나 온라인의 특성상 SNS로 맺은 관계는 더 빠르고 넓게 퍼져 나가는 경향이 있다. 가끔 온라인상에서 한 번도 연결된 적이 없는 분들이 나의 수업을 신청하는 경우가 있다. 대부분 기수강자의 지인이다. SNS의 장점인 확장성을 잘 활용하면 이렇듯 관계의 망은 기하급수적으로 늘어날 수 있다.

"저는 이번에 처음 강의를 하기 때문에 미숙하니 양해 부탁 드릴게요."

"저는 인스타그램 팔로워 수는 적지만 기능은 잘 설명해 드릴게요. 우리 같이 키워요."

나는 나의 부족함을 잘 안다. 사회 초년 시절부터 스스로 어떤 부분이 부족한지 과하게 잣대를 대고 살아온 경험들이 쌓여서 그렇다. 첫 발걸음을 이렇게 뗀 덕분일까? 조금 미숙해도 이해해주는 수강생들을 만났다. 또한 그들의 입을 통해 '어느 강사는 또 모객을 하더라' '이런 것들을 추가하면 좋겠다' 등의 적극적인 의견을 듣는다. 그런 분들이야말로 내가 사이드잡러로서 자리를 잡아가는데 큰 힘이 되어주고 있다.

이런 단단한 관계는 앞서 이야기한 서로의 부족한 부분을 채워주며 협업의 관계로 나아가는 밑바탕이 된다. 물론 배우면 되고 금방 익혀서 설명을 해줄 자신도 있다. 그러나 가장 중요하게 생각하는 '경험' '깨달음'이 없는 메시지를 전달하고 싶지는 않다. 메시지 없는 이야기를 듣느니 그냥 유튜브로 익히는 게 낫다고 생각한다.

고개를 조금만 고개를 돌려보면 해당 부분의 전문성을 가지고 있는 분들을 만날 수 있다. 나보다 디자인을 잘하고, 사진을 잘 찍는 사람들. 나는 단순한 기술이 아니라 그 기술을 바탕으로 그들이 지난 세월 쌓아온 경험과 경험에서 우러나온 실전 노하우를 듣고 싶다. 그들에게 요청하여 함께 커리큘럼을 채워간다면 혼자 꾸역꾸역 하는 것보다 양질의 수업을 준비할 수 있다. 그들과 인연이 되어 돈독함을 이어나갈 수 있는 건 값진 덤이다.

나는 이렇게 같이 성장하는 커뮤니티가 좋다. 특정인이 치고 나가며 리드하는 곳이 아니라 다 함께 기회를 만들어가는 곳. SNS 이웃들의 강의가 생기면 각자 나서서 적극적인 홍보 요정으로 변신한다. 또 일을 진행하는데 고민이 생기면 먼저 경험해본 사람들이 조언을 해주기도 하니 참 아름다운 모습이다.

앞으로 이런 관계를 좀 더 체계적으로 구성하고 싶은

마음이 있다. SNS를 시작하고 마케팅을 배우며 만난 사람들이 함께 만들어가는 콘텐츠 협업체. 생각만으로도 가슴 뛰고 설렌다. 사이드잡을 하는 목적은 '수입'뿐만이 아니다. 커뮤니티 속에서 얻게 되는 '사람'과 '성취감'도 수입 못지않게 중요하다. 또한 하루가 다르게 성장해가는 나의 모습을 보는 것도 즐겁다. 이런 과정을 거치면서 '수입'은 자연스럽게 따라오게 된다.

이제는 회사생활도 괜찮다

"언제쯤 회사를 그만둘 수 있을까, 갑자기 회사가 어려워지면 어떻게 하지?"

"회사를 그만 다녀야 하는 이유는 열 가지쯤 되는데, 계속 다녀야 하는 이유는 하나! 월급!"

나 역시 하루도 이런 생각을 안 했던 날이 없었다. 이러한 생각들이 꼬리를 무는 날에는 더 불안했다. 이번엔 또 어떤 공부를 하며 나의 뒤늦은 적성을 찾아내야 할까 고민도 많았다. 그렇게 보낸 세월이 10여 년이다. 그동안 '일어나지 않은 일을 걱정하는' 주체는 내가 아닌 '조직'이었다. 나의 판단에 따라 '어떤 방식으로 회사를 그만둘까'가 아니라 '회사가 어떻게 되면 나는 어쩌지?'가 핵심고민이었다. 내가 할 수 있는 일은 없어 보였다.

사이드잡을 시작하고 1년쯤 지난 지금, 나는 확연히 달라졌다. 회사의 앞날이 나에게 줄 영향을 걱정하지 않을 뿐더러 무언가를 찾아 헤매던 그 시간을 나의 특별한 콘텐츠 중 하나로 활용하고 있다. 힘들었던 공인중개사 수험 생활, 활용 못한 합격증을 보며 후회했던 날들, 나의 본업을 바탕으로 사이드잡을 찾던 시간들. 이 모든 과정들은 이제 웃픈(웃기지만 슬픈) 에피소드로 승화되어 나만의 스토리로 자리 잡았다.

아직은 계속 근로소득을 받고 싶다. 매달 마약처럼 꽂아주는 월급을 받을 수 있을 때 다양한 사이드잡에 도전해보고 싶기 때문이다. 사이드잡이 본업이 된다면 지금처럼 행복할까? 걱정을 사서 하는 나는 월급대신 한푼 두푼 들어오는 입금에 감사하기 보다 빠져나가는 카드값과 아이 학원비를 보며 불안감을 키울 가능성이 높다. 그래서 아직은 안정된 직장 생활을 하면서 내가 진짜 '1인 지식

사업가'로 살아갈 수 있는지를 검증해보고 싶다. 그와 동시에 나의 도움이 필요한 사람들에게 내가 아는 것을 나누며 여러 가지 경험들을 쌓고 싶다.

직장을 다니면 규칙적인 생활을 할 수밖에 없다. 아침 9시까지 출근을 하기 위해 2시간 전에는 집을 나서야 하고 퇴근 시간까지는 싫어도 책상에 앉아서 무언가를 해야만 한다. 어쩔 수 없이 규칙적으로 살아야 한다. 이는 사이드 잡을 이어가는데 큰 도움을 주는 습관이다.

새벽 시간과 점심시간에 초집중할 수밖에 없다. 다른데서 더 이상 시간을 빼내올 수 없기 때문에 그 황금 시간을 놓친다면 계획했던 일정이 밀리고 만다. 그렇다고 시간이 많아진다고 해서 지금처럼 1분 1초를 나누어가며 밀도 있게 살 수 있을 것 같지는 않다. 현재 나의 소망은 최소의 시간을 투자하여 최대의 효과를 창출하는 효율성을 키우는 것이다.

《회사가 붙잡는 사람들의 1% 비밀》의 저자 신현만님은 개인의 가치는 조직, 회사의 브랜드를 통해 만들어지고, 직장인이 회사를 떠나는 순간 그의 브랜드 가치는 폭락하게 된다고 주장한다. 특히 15년 넘게 직장 생활을 했던 나에게는 상당부분 해당되는 이야기였다. 수강생들이 지인에게 나의 수업을 추천할 때 "현직 마케터가 진행하는 프로그램이라 좋다" 라고 말하곤 한다. 나의 본업이 사이드잡 브랜딩에 영향을 주고 있음은 두말할 나위가 없다. 일석이조. 나는 오늘도 돌 하나로 새 두 마리를 잡기 위해 악착같이 시간 관리를 하며 트렌드를 공부한다.

단도직입적으로 묻겠다. 퇴사하고 사이드잡만 한다면 '본업+사이드잡 수입'만큼의 총액을 벌 수 있을까? 이 질문에 망설임 없이 "YES" 라고 대답할 수 있는 사람은 그만두어도 좋다. 바로 대답이 나오지 않는다면 아직은 본업을 유지할 때이자 좀 더 탄탄하게 퇴사를 준비해야 할 때임을 말하고 싶다.

조급한 마음은 잠시 내려놓고 작은 시도를 하면서 얻어진 경험들을 하나씩 쌓아보자. 뜬금없는 경험들이 여기저기 어지럽게 점을 찍는 듯해도 어느 순간 그 점들을 따라 선을 잇다 보면 아름다운 별이 되어 우리 눈앞을 비춰줄

날이 올 것이다. 처음은 두렵지만 여러 번 시도를 해보면 프로젝트별로 프로세스가 거의 비슷하다는 것을 깨우치게 된다. 설령 조금 이질적이라고 해도 경험치가 쌓이면서 금방 적응할 수도 있다. 이렇게 차곡차곡 모은 산지식들이야말로 실제 퇴사 후의 내 삶을 지탱해줄 비장의 무기가 될 것이다.

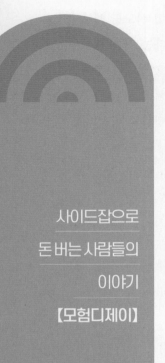

사이드잡으로
돈 버는 사람들의
이야기
【모험디제이】

현재 ××회사 연구원으로 근무하고 있는 9년 차 직장인이다. 회사 업무를 최대한 효율적으로 하면서, 여가 시간을 활용해 현재 프랜차이즈 매장을 두 개 운영하고 있다. 이외 온라인 콘텐츠의 수익화 등 파이프라인을 다양하게 넓혀가고 있다. 사랑하는 두 아이의 아빠이자, 하고 싶은 일을 하며 가족과의 시간을 더 많이 갖고 싶은 사람이다. 그래서 경제적 시간적 자유를 꿈꾸며 매일 설레는 마음으로 생활하고 있다.

대학교 복학생 시절, 학교에 밥 사주러 온 졸업생들과 술 한잔 기울이며 대화를 나누었다. 모두가 꿈꾸는 대기업 직장 생활의 희망을 심어 주기 보다는 하소연으로 일관하던 선배에게 물었다.

나 : 회사의 다른 사람들은 어떻게 직장 생활에 임하고 있나요? 선배
　　와 똑같나요?

선배 : 대부분 먹고살려고 근무하지. 내 것이 아닌 회사 일을 열심히
　　하는 거니까 회의감도 오고. 그래도 묵인하고 매일 반복적인 하루
　　를 보내고 있는 거지, 뭐.

나 : 그럼 퇴직을 앞둔 임원 분들은요? 높은 직위의 관리자분은 다를
　　수도 있잖아요. 어떻게 보면 그분들이 선배의 미래 모습이라고도
　　할 수 있을 텐데….

선배 : 그분들도 퇴직하고 치킨집이나 프랜차이즈 사업을 해볼까
　　고민하시더라고. 그런 거 보면 별반 다르지 않을 것 같네.

다음 학기에 나는 장기휴학을 신청했다. 어차피 최종 목적이 프랜차
이즈 사업이라면, 굳이 회사에 들어가서 20~30년 뒤에 할 이유가 없다
고 생각했다. 좋은 직장에 입사해서 이룰 원대한 목표가 없었기에 쉽게
휴학신청을 할 수 있었다.

프랜차이즈 매장 아르바이트를 시작한 이유

호랑이를 잡으려면 호랑이굴로! 가장 먼저 창업하고 싶었던 프랜
차이즈 매장에 가서 아르바이트를 시작했다. 팁이라면, 창업하고 싶은

상권과 가장 비슷한 곳에 위치한 동일 브랜드의 매장에서 아르바이트와 매니저 등의 경험을 해보시길 권한다. 아르바이트생이라고 누가 뭐라고 멸시하든 귀 닫고 프랜차이즈 매장의 프로세스를 파악하면 그만이다. 개인적으로 유명 커피브랜드 스××스를 제외하고는 대부분의 브랜딩 가치는 비슷한 것 같다. 아무리 열심히 장사를 잘하고 있더라도 같은 상권 또는 몇 블록 떨어진 곳에 대기업의 큰 매장이 생기면, 매출을 빼앗기는 것은 시간문제다. 이미 프랜차이즈 매장이 포화상태인 서울을 비롯한 큰 도시에서는 비일비재하게 일어나는 슬픈 현실이다. 그래서 브랜드에 의존하기 보다는 '어느 상권에 위치해 있느냐!' 가 더 중요하다고 생각한다.

다양한 상권을 분석하는 것은 당연하고, 공개입찰 등으로 초기비용을 최소화하면서 좋은 상권을 잡는 것이 핵심 키라고 할수 있다.

사이드잡의 노하우는 간절함

다양한 파이프라인을 만들기 위한 기본 중의 기본은 '할 수 있다!' 라는 믿음을 갖는 것이다. 하고 싶다는 마음이 강하게 들면 이를 위한 시간은 어떻게든 만들어진다. 본인의 분명하고 간절한 마음이 가장 중요하다. 그 마음으로부터 강력한 행동이 나온다.

내 안에 무언가가 명확히 섰다면, 그외 부수적인 시간 관리와 노하우, 툴 사용법 등은 배우면서 채워 나가면 된다.

브렌든 버쳐드의 책 《백만장자 메신저》를 꼭 읽어보라고 권하고 싶다. 이 책을 읽고 자신의 경험을 돈으로 팔 수 있는 시대에 살고 있다는 사실을 받아들이면 좋겠다. 언제까지 남들이 만들어놓은 지식을 돈 주고 사기만 할 것인지 스스로에게 물어보자.

창업, 부동산, 주식, 콘텐츠, 강의 등 모든 것을 퇴직하고 나서 시간 많을 때 해야 하는 것들이라고 생각하지 말고, 직장에 있을 때부터 공부하고 준비하면 좋을 것 같다.

더 보고 싶다면 이곳에서 →

에 . 필 . 로 . 그

나를 성장하게 만드는
사이드잡 프로젝트

짧지 않은 15년이라는 기간 동안 조직 생활을 하면서 알게 모르게 업력은 쌓여갔고 나는 성장했다. 사실 내가 매일 조금씩 성장했다는 것도 사이드잡을 하면서 알게 되었다. 파워포인트, 엑셀, 무수히 적어본 카피들, 나에게 '도대체 어떤 의미일까?'를 곱씹어보게 했던 전화 통화까지… 일상이라고 생각했던 것들은 모두 다 내 안의 소중한 경험들이 되어 파이프라인 작업을 하는데 활용될 수 있었다. '내가 이것저것 정말 할 줄 아는 게 많은 사람이구나'라는 사실을 깨닫는다. 그리고 지난 시간이 고마웠다.

직장인에게 당연한 이런 스킬이 조직 밖의 사람들에게는 낯선 것일 수도 있다. 물론 돈과 시간을 들여 배우고 익힐 수 있다. 하지만 회사에서 각종 욕을 먹어가며 배운 까닭에 조건반사처럼 나타나는 이런 스킬을 단 몇 시간 안에 따라올 수 있는 사람이 얼마나 될까? 그래서 나는 회사에서 업무를 보는 마음가짐을 보다 긍정적으로 바꾸려고 한다.

이런 태도 덕분일까? 지난 1년간의 성장은 과거와 비교할 수가 없다. 100권의 책을 열심히 읽었다고 이렇게 변할 수 있었을까? 책만 읽었다면 막연히 또 다른 세상을 상상만 했을 것이고, 월급 이외의 소득은 꿈도 못 꿨을 것이다. 작은 도전부터 시작한 것이 나에게는 주효했다. 사소한 것이라도 실행해보는 힘이야말로 지난 날과 현재 사이를 구분 짓는 가장 중요한 요소였다.

나는 본업을 활용해 마케팅 강의와 컨설팅, 콘텐츠 제작 쪽에 집중하고 있다. 나는 아직까지 할 줄 아는 게 그것뿐이지만 이 책을 읽는 여러분은 다를 수 있다. 본인의 업무 이외에도 여러가지 재능이 있거나 관심사가 있다면 그런 것들을 사이드잡으로 연결해도 좋다.

지식사업 쪽으로만 한정지어 생각할 필요도 없다. 재테크를 하고 싶다면 부동산, 주식과 같은 실질적인 투자를 할 수도 있고, 쇼핑 감각이 있다면 블로그와 인스타그램을 운영하며 본인의 취향이 시장에서 통하는지 검증해보는 시간을 가져도 좋다. 스마트스토어를 통해 본격적으로 판매에 도전해보는 일도 멋질 것이다.

'나는 부족하니까 더 배워야 돼' '강의를 들으면 들을수록 어려워' 하면서 인풋에만 집중하지 말고, 이제 조금 다른 형태의 용기를 내보자. 완벽한 투자를 위해 수십 권의 부동산투자 책을 독파하고 강의를 들으며 사람들과 어울리지만 말고 투자하기 위해 직접 발로 뛰어보는 것이다.

진짜 내공은 경험에서 나온다. 처음부터 멋지고 일확천금이 떨어지는 엄청난 대박 사건은 절대 생기지 않는다. 설령 그런 기회가 오더라도 거절하라고 이야기하고 싶다. 우리 같이 직장만 다닌 사람들에게 업무 외적으로 그런 제안을 하는 사람이 있다면 사기일 가능성이 높다고 생각한다.

사이드잡을 하는 데 있어 가장 어려운 일이 무엇일까?

바로 '초라하게 시작하는 것' '그 초라함을 견디는 것'이다. 누구나 시작은 흑역사다. 초라한 시작 뒤에 끊임없이 작은 시도들을 이어가자. 작은 시도들은 우리에게 무수히 많은 성공과 실패를 안길 것이다. 결국 그런 성공과 실패들이 모여 나의 경험이 되고 콘텐츠가 된다. 이것들이 모여 나의 수익이 된다는 것을 기억하자.

나 역시 강남역 스타벅스에서 두 시간 정도 블로그 기능을 알려드리고 받은 10만원이 사이드잡의 시작이었다. 소중한 주말에 강남까지 나가는 귀찮음을 감수한 것이 더 작은 시작이었다. 항상 그랬듯 누군가의 질문에 친절하게 대답했던 것도 작은 시작이었다. 이런 작고 작은 시작들이 모였을 뿐인데 헤어질 때 내 손에 쥐어졌던 봉투의 감촉을 나는 잊지 못한다. 그 하얀 봉투에 들어 있던 오 만원짜리 두 장을 오래도록 쓰지 못하고 한동안 가방에 넣어 다녔던 기억이 아직도 선하다.

요즘 많은 질문을 받고, 나는 또 누군가에게 많은 도움을 요청한다.

"선생님, 저희 새로운 프로젝트 하는데 카페 마케팅 좀 도와주실 수 있으세요?"

"선생님, 이번에 강의 모집하려는데 문구 좀 봐주실래요?"

"이번에 짧은 영상 만드는 방법 설명 좀 해주실 수 있어요?"

"누가 책 추천 좀 해달라는데 잘 모르는 분야라 제가 뭐라고 대답하면 될까요?"

재미있다! 예전엔 단순한 소비자였다면 이젠 '무얼 만들어볼까?' 고민하는 사람들과 이런 이야기를 나누는 생산자의 삶을 살고 있다. 이 생산자의 삶은 너무나도 매력적이다. 회사 생활을 불평하던 나는 더 이상 없다. '이번 명절 지내고 사직서 내야지' 같은 실천하지도 못할 공허한 맹세 따위도 하지 않는다. 사실대로 말하자면 그런 불평을 하고 있을 시간이 없다. 좋은 인연들과 새로운 프로젝트를 구상해내기에도 시간이 부족한데 어떻게 불평불만을 하고 있겠는가.

누군가는 나에게 의도한 대로 방향을 잘 찾아간다고 이야기한다. 분명히 말할 수 있는 건 처음부터 치밀하게 계획했던 일들이 아니라는 것이다. 자기소개하는 시간이 제일 싫었고 내가 하고 싶은 것조차 불분명했던 사람이 어떻게 1년 뒤를 예측하며 계획할 수 있었겠는가?

하나를 시작하면 그 다음에 해야 할 것들이 보인다. 그걸 하고 나면 할 수 있는 것들이 다시 생각난다. 심지어 누군가가 나에게 '무엇을 더 해야 한다'고 알려주기도 한다.

강의를 하기 위해 파워포인트 자료를 100장 만들었다. (사실 강의 준비는 처음이 제일 어렵다. 강의 자료 만드는 과정은 정말 만만치 않다) 어렵게 100장을 만들어두니 한 번으로 끝내기엔 어딘지 억울했다. 그래서 기존 자료에서 부족했던 20장을 수정하고 10장을 추가해서 다음 기수를 모집했다. 그러고 나니 처음 들었던 수강생이 지인을 추천해준다. 이번 기수에 합류 못한 사람들은 다음 기수는 언제 하냐고 물어온다.

이렇게 강의 교안을 만들고 났더니 전자책 플랫폼에 올려서 판매가 가능하다는 새로운 사실도 알게 된다. 그래서 가지고 있던 자료들을 또 다시 수정해서 전자책 플랫폼에 올린다. 있는 자료에 조금의 품을 들여 등록했을 뿐인데 뜻하지 않게 새로운 수익이 발생되고 있다. 누군가는 시간이 맞지 않는다고 개인적으로 따로 수업을 해 달라고 한다. 그러면, 있는 자료를 기반으로 요청자의 니즈에 맞추어 재구성을 하고 일대일 미팅을 진행한다.

시작은 미약했지만 자연스럽게 다양한 확장이 일어난다. 회사에서 경영 계획을 짜듯이 1년 단위로 계획했다면 아마 시작도 하기 전에 포기했을지도 모른다. 어떻게 시작도 안 해봤는데 중장기 계획을 세울 수 있겠는가? 작은 시작을 하고 그 안에서 자연스러운 흐름에 따라 알맞은 확장을 했기에 가능한 일이었다.

성실하게 주어진 업무를 잘 소화했던 우리이기에 새로운 사이드잡도 잘할 수 있을 거라고 생각한다. 이 모든 것은 회사라는 때론 비합리적이기도 한 울타리 안에서 탄탄하게 내공을 쌓았기 때문에 가능했다.

직장인에게 '인내심'은 제1 덕목 아니던가? 부당한 일, 속상한 일을 견디면서도 묵묵하게 업무를 수행하는 평범한 직장인 A는 나와 당신, 우리 모두이다. 우리의 존버 정신이라면 세상 어떤 일도 못할 것이 없다.

나의 이야기는 끝났다. 그러나 이 이야기가 단순한 감상으로 끝나지만은 않았으면 좋겠다. SNS에 사진 한 장을 올리는 것부터 시작하면 된다. 그리고 노트에 내가 할 수 있는 아주 작고 작은 일부터 써내려가 보는 것이다.

당신의 사이드잡을 진심으로 응원한다. 나도 했다. 당신은 나보다 더 잘할 수 있다. 이제 당신의 이야기를 들려줄 차례다.